## 编写指导委员会

总主编：段 峰　王 欣
编　委：石 坚　叶 英　王 安　方小莉　张 平
　　　　邱 鑫　史 维　余 淼　敖 敏　刘 佳

丛书总主编：段 峰 王 欣

博文高等学校英语专业系列教材

# 加拿大文化概况

## An Introduction to Canadian Culture

主　编　赵　毅
副主编　苏德华　方云军
编　委（以姓氏拼音为序）
　　　　赖　瑶　李　娜　梁章杰　刘　颖　孟　炜
　　　　潘静文　汪　艳　张玉竹　赵茗婷　赵旖旎

四川大学出版社
SICHUAN UNIVERSITY PRESS

图书在版编目（CIP）数据

加拿大文化概况 / 赵毅主编． -- 成都：四川大学出版社，2024.6

博文高等学校英语专业系列教材

ISBN 978-7-5690-6533-6

Ⅰ．①加… Ⅱ．①赵… Ⅲ．①英语－阅读教学－高等学校－教材②文化－概况－加拿大 Ⅳ．① H319.37

中国国家版本馆 CIP 数据核字（2024）第 013303 号

书　　名：加拿大文化概况
　　　　　Jianada Wenhua Gaikuang
主　　编：赵　毅
丛 书 名：博文高等学校英语专业系列教材

丛书策划：刘　畅
选题策划：张　晶　刘　畅　周　洁
责任编辑：周　洁
责任校对：余　芳
装帧设计：阿　林
责任印制：王　炜

出版发行：四川大学出版社有限责任公司
　　　　　地址：成都市一环路南一段24号（610065）
　　　　　电话：（028）85408311（发行部）、85400276（总编室）
　　　　　电子邮箱：scupress@vip.163.com
　　　　　网址：https://press.scu.edu.cn
印前制作：四川胜翔数码印务设计有限公司
印刷装订：成都市新都华兴印务有限公司

成品尺寸：170 mm×240 mm
印　　张：10.75
插　　页：2
字　　数：204千字
版　　次：2024年7月 第1版
印　　次：2024年7月 第1次印刷
定　　价：52.00元

本社图书如有印装质量问题，请联系发行部调换

版权所有 ◆ 侵权必究

扫码获取数字资源

四川大学出版社
微信公众号

# 总　序

新时代的国际形势和国家需求既对我国外国语言文学专业和学科建设提出了新挑战，也提供了发展的新契机。

习近平总书记在给北京外国语大学老教授的回信中指出，努力培养更多有家国情怀、有全球视野、有专业本领的复合型人才，在推动中国更好走向世界、世界更好了解中国上做出新的贡献。这是党和国家对高校外语教育工作者的殷切希望，也是时代赋予我们的重要责任。围绕新时期新要求、新文科新思考，外语人才培养需要进行全方位的改革，教材建设是其中极其重要的一环。因为教材是教育教学的基本依据和重要载体，关乎解决"培养什么人、怎样培养人、为谁培养人"这一根本问题，关乎立德树人目标的最终实现。

基于这样的目的，我们组织专家和一线教师编写了这套多语种的外语专业教材，教材覆盖面广，既有传统的语言技能训练、外国语言学和外国文学，也有医学口译等跨学科的主题，反映了外语学科在新文科概念的导引下所开展的尝试。我们希望以此为开端，逐渐增加教材种类，扩大教材的涉及面，为新型外语人才的培养打下坚实的基础。

总的说来，博文系列教材以"博雅通识，优化创新"为主要目的，具有以下特色。

1. 博雅教育注重培养具有扎实语言能力、深厚人文素养、宽广学术视野、强烈批判精神的高素质外语人才，对外国语言研究、外国文学研究、翻译研究、国别与区域研究、比较文学与跨文化研究有浓厚兴趣，具有一定研究潜能的高素质学术型外语人才。博文系列教材选用了中西方经典文学篇章，以人文素质教育为外语教学的根本，发掘外语语言文化的专业内涵，体现了外语教育强本固基的办学要求。

2. 博文系列教材创建 GIDE 课程体系，以"引领"（Guiding）、"浸润"（Immersion）、"深化"（Deepening）、"拓展"（Exploration）四个层次为课程目标，分阶段、分层次地将外国语言文学专业培养目标融入教材建设。引领学生形成专业意识，浸润中西方文化文明精髓，深化专业知识和人文素质，拓展思辨能力和跨文化交流能力，形成专业和学科建设的有机衔接，对培养高素质外语人才和复合型外语人才，具有重要的作用。

3. 课程思政是新时代背景下，稳步推进思想政治教育改革以形成大思政育人体系的一个重要方向。四川大学外国语学院以全课程育人大格局为理念，提升德育实效性，将育人目标贯穿于课程教育的全过程，不断升级人才培养方案，将课程思政的概念和实施，整体、科学、有序地融合进育人机制和教材建设。博文系列教材坚守中国视角、中国立场，在具备国际前沿视野的同时，将社会主义核心价值观融入教材编写，以培养精通专业领域知识，一心为公，拥有家国情怀和国际视野，具备良好的语言运用能力和深厚的人文素养的高端外语人才。

4. 教材紧扣新时代国家对高校外语人才培养的要求，参照教育部新国标，坚持课程思政建设，在上述总体思想的指导下，结合四川大学外国语学院开设的专业课程，从知识传授、技能培养、能力提升等不同层面，进行系列化设计。偏重语言技能训练的教材遵循语言地道、例证典型、解析精当的原则，同时注重选材的权威性和实效性；偏重能力提升的教材精选外国语言学、翻译学、文学与文化研究的经典原文，既传授专业基础知识，又致力培养学生的文本赏析和思辨能力。各教材均在符合学科、专业与相应课程需求的前提下，设计和安排教材的主要内容、知识体系、习题设置与考核要求等，体现了各自的鲜明特色。

四川大学外语学科源自 1896 年创办的四川中西学堂的英语和法语科目，历史悠久，传统厚重。巴金、吴虞、朱光潜、吕叔湘、钟作猷、周煦良、卞之琳、

# 总　序

罗念生、顾绶昌、吴宓等著名学者和文化名人曾在本学科任教或就读，为本学科的发展打下了坚实的基础。博文系列教材由四川大学外国语学院教学专家与一线教师共同编写，邀请国内知名外语类专家担任顾问，编写团队既具有一线教学经验，熟悉学生需求，又具备宽广的国际视野和历史传承。当然，本系列教材的内容难免存在不足之处，编写团队恳切希望广大教师和学生提出宝贵意见。

博文系列教材编写组

# 前　言

　　加拿大地域辽阔，濒临北冰洋、大西洋和太平洋，是个"从海洋到海洋"的国家。加拿大山川秀美，地形地貌特色鲜明，淡水资源雄踞世界榜首，是世界著名的林业大国和旅游目的地国家。

　　加拿大是个移民国家，英语和法语是加拿大的官方语言，因纽特人和加拿大印第安人是加拿大的原住民，国民多信奉天主教和基督教，加拿大政府倡导"多元文化主义"并立法推行。加拿大是英联邦成员国，政治上仿效联邦议会制，英国国王是其名义上的国家元首，总督代表英王行使国家权力。加拿大政府采取内阁制，执政党领袖担任政府总理。

　　加拿大是世界贸易大国，美国和欧盟都是加拿大重要的政治和经济贸易伙伴。美国是加拿大重要的投资国和友好邻邦，美加经贸文化交流密切。加拿大是西方发达的工业化国家，森林、捕鱼、电力、炼油、汽车制造等产业发达，矿产资源和石油、天然气蕴藏量大。

　　加拿大是亚太经合组织成员，中国和加拿大文化交流源远流长。据有关文献记载，早在19世纪末就有一批加拿大人到中国台湾、河南、四川等地行医施药。抗日战争期间，加拿大亨利·诺尔曼·白求恩（Henry Norman Bethune）大夫来到解放区工作，为中国人民的解放事业献出了自己的生命。毛泽东在《纪念白求恩》一文中高度评价了白求恩大夫伟大的献身精神。白求恩大夫的英雄事迹在中加两国人民中传为佳话，感动和激励着一代又一代中加人民。文幼章博士（Dr. James G. Endicott）生于四川乐山，是"中国人民的老朋友"，为中国人民的革命和建设事业做出了巨大的贡献和牺牲，书写了中加民间交往的动人故事。

　　加拿大高等教育发达，国民接受高等教育的比例较高。加拿大高等教育人才培养目标和课程设置由各省教育行政部门独立执行。大学教育主要以公立大学教育为主，社区大学和职业教育发达，学科设置因地制宜，重视经济社会发展的实际需求，满足学生就业需要。中国是加拿大主要的留学生来源国家。

自2009年以来，四川大学开设了文化素质公选课"加拿大文化"，深受学生欢迎。为了贯彻习近平总书记在全国教育大会上的讲话精神，我们编写了此教材，目标读者主要为非英语专业英语学习者、英语爱好者和加拿大文化爱好者。参加编写的同志有赵茗婷、赵毅（第一章），梁章杰、汪艳（第二章），苏德华（第三章），赖瑶（第四章），张玉竹、赵旖旎（第五章），方云军、潘静文（第六章），刘颖（第七章），李娜（第八章）和孟炜（第九章）。

本教材旨在为加拿大文化爱好者编写，"操千曲而后晓声，观千剑而后识器"。书中不足之处，欢迎广大读者批评指正，以臻完善。教材付梓之际，编写组向四川大学外国语学院、四川大学出版社表示衷心的感谢！

# 目 录

第一章　加拿大地理 …………………………………………（ 1 ）
　第一节　北部地区 …………………………………………（ 1 ）
　第二节　西部地区 …………………………………………（ 3 ）
　第三节　东部地区 …………………………………………（ 5 ）
　本章小结 ……………………………………………………（ 7 ）

第二章　加拿大历史 …………………………………………（ 9 ）
　第一节　原住民时期的加拿大 ……………………………（ 9 ）
　第二节　殖民地时期的加拿大 ……………………………（ 12 ）
　第三节　自治领联邦时期的加拿大 ………………………（ 16 ）
　第四节　两次世界大战期间的加拿大 ……………………（ 18 ）
　第五节　第二次世界大战后的加拿大 ……………………（ 21 ）
　本章小结 ……………………………………………………（ 24 ）

第三章　加拿大政治 …………………………………………（ 27 ）
　第一节　政治制度：君主立宪制与议会制 ………………（ 27 ）
　第二节　政治分权：三权分立 ……………………………（ 30 ）
　第三节　政治参与：政党与利益集团 ……………………（ 40 ）
　第四节　政治关注：福利制度 ……………………………（ 45 ）
　本章小结 ……………………………………………………（ 49 ）

第四章　加拿大经济 …………………………………………（ 52 ）
　第一节　加拿大经济简史 …………………………………（ 52 ）
　第二节　自然资源 …………………………………………（ 55 ）
　第三节　国民经济 …………………………………………（ 59 ）

i

第四节　主要产业发展 ……………………………………………（63）
第五节　中加经贸关系 ……………………………………………（66）
本章小结 ……………………………………………………………（70）

## 第五章　加拿大科技 …………………………………………（72）
第一节　航空航天业 ………………………………………………（72）
第二节　信息技术与量子计算 ……………………………………（74）
第三节　先进制造技术与生物医疗 ………………………………（77）
第四节　现代农林牧业 ……………………………………………（81）
第五节　高科技能源业 ……………………………………………（83）
本章小结 ……………………………………………………………（87）

## 第六章　加拿大教育 …………………………………………（89）
第一节　加拿大学前及小学教育 …………………………………（89）
第二节　加拿大中学教育 …………………………………………（93）
第三节　加拿大大学教育 …………………………………………（94）
第四节　加拿大高等职业技术教育 ………………………………（98）
本章小结 ……………………………………………………………（102）

## 第七章　加拿大民族 …………………………………………（104）
第一节　加拿大民族文化发展概况 ………………………………（104）
第二节　加拿大原住民的历史文化发展 …………………………（105）
第三节　加拿大主要民族的历史文化发展 ………………………（110）
第四节　加拿大主要少数民族移民的历史文化发展进程 ………（112）
第五节　加拿大移民政策的变迁与发展 …………………………（115）
本章小结 ……………………………………………………………（119）

## 第八章　加拿大民俗 …………………………………………（121）
第一节　多元文化主义 ……………………………………………（122）
第二节　语言和宗教 ………………………………………………（123）
第三节　节日 ………………………………………………………（126）
第四节　饮食 ………………………………………………………（130）
第五节　体育运动 …………………………………………………（133）
本章小结 ……………………………………………………………（136）

## 目 录

**第九章　加拿大音乐** ……………………………………………………（138）
　第一节　加拿大音乐概况 ………………………………………………（138）
　第二节　加拿大音乐发展史 ……………………………………………（145）
　第三节　加拿大国歌 ……………………………………………………（152）
　第四节　加拿大音乐节 …………………………………………………（154）
　本章小结 …………………………………………………………………（156）

**参考文献** …………………………………………………………………（158）

# 第一章　加拿大地理

加拿大面积约997万平方公里，东部是大西洋，西部是太平洋，北部是北冰洋，南面与美国接壤，美加国界线长达5 500余公里。1867年，根据《英属北美法案》（British North America Act, 1867），加拿大、新斯科舍和新布伦瑞克三省组成加拿大自治领。加拿大国歌为《啊，加拿大》（*Oh Canada*），国旗是枫叶旗，国徽是加拿大水狸和加拿大红枫叶构成的图案。加拿大是个多民族组成的移民国家，人口约3 800万，人口老龄化趋势明显。

根据气候及地形状态，加拿大通常细分为六大地区：北极地区，气候苦寒；北部地区，包括育空（Yukon）、西北（Northwest）和努纳武特（Nunavut）三个地区，位置靠近北极圈，冬长夏短，气候寒冷，其中西北地区的耶洛奈夫（Yellowknife）是加拿大最冷的城市；太平洋沿岸地区，气候温和，降雨丰沛，其中不列颠哥伦比省（British Columbia）的温哥华市（Vancouver）是加拿大最温暖的城市；落基山脉地区，落差大，气候随山脉的海拔高度不同，差异很大；中西部草原地区，大陆性气候特色明显；东部地区，人口密集，冬暖夏凉，人居环境较好，区内的尼亚加拉瀑布（Niagara Falls）享誉世界，是著名的旅游胜地。

加拿大农业发达，萨斯喀彻温省（Saskatchewan）、马尼托巴省（Manitoba）和艾伯塔省（Alberta）被称为加拿大的粮仓，主要出产小麦、大麦、油菜籽等农作物。艾伯塔省矿产资源丰富，蕴藏丰富的镍、锌、银、铜等矿产资源，石油和天然气资源也很丰富。下面分北部地区、西部地区、东部地区作进一步介绍。

## 第一节　北部地区

加拿大北部地区位于北极圈，按照行政区划，分为三个地区：育空地区、西北地区和努纳武特地区。

## 加拿大文化概况
## An Introduction to Canadian Culture

### 一、育空地区

育空地区毗邻美国的阿拉斯加州，位于加拿大的西北角，面积48万多平方公里，育空河（the Yukon River）流经该地区，水流湍急。育空地区人口3万多，首府怀特霍斯（Whitehorse）聚居着该区70%的居民，官方语言为英语和法语。育空地区于1898年6月13日正式加入加拿大联邦，怀特霍斯是观赏北极光的理想之地。育空部分领地位于北极圈内，有直通北极地区的唯一公路邓普斯特公路（Dempster Highway）。

育空地区气候苦寒，地广人稀，自然景色优美，原住民的文化旅游观光特色浓郁。纵横驰骋的北美驯鹿、绚丽夺目的北极光、晶莹剔透的世纪冰川、呼啸而过的狗拉雪橇，让人心驰神往，观赏者络绎不绝。地处该地区西南部的洛根山（Mount Logan），海拔5951米，是加拿大境内的最高峰。

18世纪末期，育空地区的毛皮产品贸易繁荣。19世纪末期，北美西部地区发现黄金，世界各地移民闻风而至，成就了北美历史上著名的淘金热。美国作家杰克·伦敦（Jack London）也曾前往育空地区道森市（Dawson City）一试身手，并在其作品中书写了这段癫狂的淘金岁月。今天，不断有游客参观道森市的历史博物馆，重温小镇昔日人声鼎沸的那些峥嵘故事。

### 二、西北地区

西北地区北接北冰洋，南临艾伯塔省、萨斯喀彻温省和不列颠哥伦比亚省，1870年6月加入加拿大联邦。西北地区地域辽阔，面积117万平方公里，东西长约1300多公里，南北长约2000公里。该地区人烟稀少，人口5万多，原住民占人口的50%左右，是目前加拿大原住民最多的地区。

西北地区还有居住在加拿大最北地区的哥威迅人（Gwich'in）和因纽特人（Inuit）。该地区的官方语言是因纽特语、英语和法语。西北地区临近北极圈，气候寒冷。北美洲最深的大奴湖（Great Slave Lake）毗邻该地区首府耶洛奈夫，湖泊最深处为614米，湖水深度居世界第十位，面积超过伊利湖（Lake Eerie）和安大略湖（Lake Ontario）。

耶洛奈夫市接近北极圈，冬季温度可达零下40摄氏度，是加拿大最北端的都市，全年大部分时间天空蔚蓝，是加拿大阳光最充足的地方，也是观赏北极光（the Northern Lights）和午夜阳光（the midnight sun）的理想之城，享有"北美极光之都"的美誉。

西北地区有300多年的毛皮贸易历史，最早始于梅蒂斯人（Métis）。该地区矿产和钻石蕴藏丰富。1934年，这里发现了黄金和石油。此外，钻石和木材资源也很丰富。该地区有纳汉尼国家公园保护区（Nahanni National Park Reserve）和加拿大最大的国家公园木野牛森林国家公园（Wood Buffalo National Park）。这里有世界上最大的河狸坝和世界上规模最大的野牛群，这里也是濒危动物美洲鹤最后的自然筑巢区。该地区旅游业以冰上运动闻名，雪地摩托、狗拉雪橇、冰上钓鱼和滑雪极具特色。

### 三、努纳武特地区

努纳武特地区面积200多万平方公里，占加拿大国土面积的五分之一，与整个西欧大小相当，是加拿大陆地面积最大、人口最少的地区，有一望无际的茫茫原始荒原，东部隔巴芬湾（Baffin Bay）和戴维斯海峡（Davis Strait）与格陵兰岛（Greenland）相望。

4000多年前，这里就居住着因纽特人。据说这些原住民是亚洲人，他们越过白令海峡，在这一带定居、生活繁衍。努纳武特地区距北极约817公里，是离北极最近的人类生活区，是真正的"极北之地"，冬季漫长，夏季短暂，冻土终年覆盖，植物低矮稀疏。

努纳武特地区人口3万多，84%为因纽特人，年轻人居多，每65平方公里的土地上平均只有1人。27%的居民主要讲英语，讲法语和因纽特语的人口各占一半。1999年4月1日，加拿大立法划定努纳武特地区为因纽特人生活的主要区域。

努纳武特地区地广人稀，很多地方无路可通，人们只能乘坐飞机、驾驶船舶或者赶着狗拉雪橇才能前往目的地。这里的原住民工艺品彰显着极具地方特色的因纽特人传统文化，主要有骨器、石器、鹿角和毛皮制品，也有现代特色的油画印制品，畅销国内外，深受各国游客喜爱。

## 第二节　西部地区

加拿大西部地区由西向东主要有太平洋沿岸的不列颠哥伦比省和落基山脉东部的草原三省，即艾伯塔省、萨斯喀彻温省和马尼托巴省。

## 一、不列颠哥伦比亚省

不列颠哥伦比亚省位于太平洋沿岸，是加拿大最西边的省份，自西向东分别有海岸山脉、科迪勒拉山脉和落基山脉，山脉成南北纵向延伸，山脉之间部分地区为山地，耕地面积较少。西北与美国阿拉斯加州接壤，北接育空地区和西北地区，东面是艾伯塔省，南临美国华盛顿州、爱达荷州和蒙大拿州，是加拿大通往亚太地区的门户。该省面积94.4万平方公里，人口约520万，官方语言为英语和法语。省政府位于维多利亚市（Victoria），温哥华是该省最大的城市和重要的经济中心。省内的温哥华岛（Vancouver Island）植物茂盛，森林密布，风光旖旎。

1858年，不列颠哥伦比亚成为英国殖民地。1871年7月21日，不列颠哥伦比亚加入加拿大自治领。欧洲人到来之前，一直有原住民居住在这里。俄国、法国、西班牙等都曾在这片土地上留下足迹。

不列颠哥伦比亚省和育空地区是加拿大距离中国最近的省区，在中加经济贸易和人文交流方面具有独特的地域优势。从1871年到1947年，不列颠哥伦比亚省出台了多项排挤与歧视华人的法案，华人被剥夺了投票权，在教育和就业等方面受到诸多歧视。

不列颠哥伦比亚省自然资源丰富，经济以自然资源开发为主，主要产业有农业、林业、矿业、渔业、旅游业等，新兴产业以旅游业、电影业、高科技产业等为主。林业和采矿业是不列颠哥伦比亚省的经济支柱。

不列颠哥伦比亚省气候温润，雨量丰沛，森林覆盖面积大，风景秀丽，国家公园和高原湖泊较多。这里的班夫国家公园（Banff National Park）闻名遐迩，是加拿大最美的国家公园之一，森林草地、峡谷高山和冰川河流密布其中，是世界著名旅游目的地和世界文化遗产保护地。

## 二、西部草原三省

加拿大西部大草原位于落基山脉之东，具有大陆性气候特点，主要包括艾伯塔省、萨斯喀彻温省和马尼托巴省。草原三省木材、石油、天然气、铀矿等资源蕴藏丰厚。西部大草原西南部有一片雨水相对偏少的三角洲地带，其余大部分地区土地肥沃，牧草丰美，是加拿大的粮仓，也是世界重要的粮食基地，畜牧业发达。

艾伯塔省西部毗邻不列颠哥伦比亚省，东部是萨斯喀彻温省，北部与西北地区为邻，南面与美国蒙大拿州接壤。该省大陆性气候明显，西部的落基山脉地区森林资源丰富，东部平原土地肥沃，是很重要的粮食耕种区。该省面积约 66 万平方公里，人口约 406 万。英语和法语为该省官方语言，省会城市是埃德蒙顿（Edmonton）。艾伯塔省经济发达，石油和天然气资源丰富，林业、石油和天然气是该省主要产业。艾伯塔省畜牧业和农业发达，油菜和小麦是该省重要的经济和粮食作物。卡尔加里（Calgary）是该省最大的城市。这个最初以畜牧业和肉类加工闻名遐迩的加拿大"边城"，已发展为粮食生产和加工的大都市。1914 年，人们开始在这里开采石油，卡尔加里成为加拿大著名的石油之都。卡尔加经济发达，楼宇林立，文化繁荣，有著名的卡尔加里大学（University of Calgary）和艾伯塔艺术学院（Alberta College of Art and Design）。

萨斯喀彻温省面积约 65 万平方公里，人口约 96 万，于 1905 年加入加拿大联邦，省府为里贾纳（Regina）。该省北部为加拿大地盾区，南部是内陆平原。该省以农业和畜牧业为主，主产小麦、燕麦、油菜等农作物和经济作物。萨斯喀彻温省耕地面积较大，是加拿大小麦的主产区。木材、石油、天然气、钾碱、铀矿等资源丰富。萨斯卡通市（Saskatoon）位于该省中部地区，为该省最大的城市，市内的萨斯喀彻温大学（University of Saskatchewan）的教学和科研成绩突出，享誉世界。

马尼托巴省面积约 64 万平方公里，人口约 114 万，省府为温尼伯（Winnipeg），官方语言为英语、法语。该省东部毗邻安大略省，西部毗邻萨斯喀彻温省，北部毗邻努纳武特地区，西北部毗邻西北地区，南部与美国北达科他州和明尼苏达州为邻。省内的温尼伯湖（Lake Winnipeg）是加拿大境内第五大湖泊。该省经济以农业与畜牧业为主，是加拿大主要的产粮区。

## 第三节　东部地区

加拿大东部地区主要指加拿大安大略省（Ontario）、魁北克省（Quebec）与大西洋沿岸四省地区。加拿大首都渥太华（Ottawa）地处安大略省。安大略省是加拿大工业最发达的地区。魁北克省法语文化特色浓郁。大西洋沿岸四省指纽芬兰－拉布拉多省（Newfoundland and Labrador）、新不伦瑞克省（New Brunswick）、爱德华王子岛省（Prince Edward Island）和新斯科舍省（Nova Scotia），捕鱼业和海产品加工是大西洋沿岸四省的传统产业,旅游业为其新兴产业。

## 一、安大略省

安大略省面积约 100 万平方公里,人口约 1400 万,是加拿大人口最多的省份,官方语言为英语。省会多伦多(Toronto)是加拿大最大的城市,也是著名的金融和证券交易中心。加拿大首都渥太华是加拿大的政治中心,位于安大略省东部,渥太华河从旁流过。安大略省文教事业发达,拥有多伦多大学(University of Toronto)、滑铁卢大学(University of Waterloo)、圭尔夫大学(University of Guelph)等世界著名的高等学府。

安大略省东邻魁北克省,西接马尼托巴省,北至哈得孙湾(Hudson Bay),南部与美国的明尼苏达州、密歇根州、俄亥俄州、宾夕法尼亚州和纽约州相邻。安大略省地形地貌独特,中西部和北部地区为加拿大地盾区,森林覆盖,矿产资源丰富,河流湖泊众多。东北部为哈得孙湾低地,森林、沼泽和草地密布。五大湖区和该省东南部河谷地区气候温和,雨量丰沛,土地肥沃,人烟稠密,水电资源丰富,工业基础雄厚,是加拿大重要的工业基地,旅游业发达。这里还有著名的尼亚加拉瀑布。

## 二、魁北克省

魁北克省面积约 154 万平方公里,是加拿大面积最大的省份。该省人口约 800 万,省会城市是魁北克市,官方语言为法语。魁北克省西邻安大略省,东邻圣劳伦斯河(St. Lawrence River),南面与美国接壤。该省北部延伸至北冰洋地区,地域辽阔,人烟稀少,主要居住着因纽特人。该省冬季寒冷,夏季潮湿,天气变化无常。魁北克省曾是新法兰西[①](New France)所在地,法国移民众多,经济、文化、政治等方面折射出浓郁的法国文化特色。

魁北克省矿产资源、水利和林业资源丰富,服务业发达。蒙特利尔(Montreal)是该省最大的城市,工商业发达,历史悠久。

## 三、大西洋沿岸四省

加拿大大西洋沿岸四省指纽芬兰-拉布拉多省和海洋三省(Maritime

---

① 新法兰西是法国曾位于北美洲的殖民地。

Provinces），海洋三省包括新不伦瑞克省、爱德华王子岛省和新斯科舍省。

纽芬兰－拉布拉多省位于加拿大东端，由纽芬兰岛和拉布拉多地区组成，面积约 40 万平方公里，人口约 52 万，官方语言为英语，省府为圣约翰斯（St. John's）。该省渔业发达，传统产业为捕捞和鳕鱼加工。纽芬兰岛石油和天然气资源丰富，石油和天然气开采加工是其新兴产业，旅游业和服务业发达。拉布拉多地区为该省的大陆部分，地势险要，气候严寒，人烟稀少。

新不伦瑞克省面积约 7.3 万平方公里，人口约 75 万，官方语言为英语和法语，省会城市为弗雷德里克顿（Fredericton），省内最大的城市为圣约翰（Saint John）。新不伦瑞克省的经济以服务业为主，渔业和海产品出口贸易发达。

新斯科舍省主要由新斯科舍半岛（Nova Scotia Peninsula）和布雷顿角岛（Cape Breton Island）组成，面积 55 000 平方公里，人口约 92 万，官方语言为英语。省会哈利法克斯（Halifax）是世界著名的港口城市。新斯科舍省气候相对温暖，旅游业和造船业发达，文教事业颇具特色，拥有不少历史文化遗迹和博物馆。

爱德华王子岛省面积 5 660 平方公里，是加拿大面积最小的省，省会为夏洛特敦（Charlottetown）。该省人口约 15 万，人口密度位列加拿大诸省之冠。旅游业是爱德华王子岛省的支柱产业。

## 本章小结

加拿大地广人稀，地形地貌多样，地势西高东低，自然资源丰富，工农业生产技术水平高，是世界发达国家。加拿大也是移民国家，原住民和移民共同创造和繁荣了加拿大缤纷的多元文化。

**思考题**

1. 加拿大北极地区有哪些地理特点？该地区对加拿大有何重要意义？
2. 加拿大海洋资源分布有何特色？
3. 加拿大农业有何主要特色？
4. 加拿大魁北克省法语文化有何特色？
5. 简述加拿大的生态旅游资源特色。

**本章推荐阅读**

1. Douglas, James. *Horizon Canada*, Quebec: Center for the Study of Teaching Canada, 1987.

2. Muzzcy, David Saville. *An American History*, Massachusetts: Ginn and Company, 1911.

3. Taras, David and Beverly Rasporich. *A Passion for Identity*, Toronto: ITP Nelson, 1997.

4. Treanor, Nick. *Canada*, San Diego: Greenhaven Press, 2001.

5. 蓝仁哲：《加拿大百科全书》，成都：四川辞书出版社，1999年。

6. 李节传：《加拿大通史》（修订本），上海：上海社会科学院出版社，2018年。

7. 李厚何：《加拿大说官方语言者越来越少》，载《环球时报》2022年8月19日。

8. 玛格丽特·康拉德：《剑桥加拿大史》，王士宇、林星宇译，北京：新星出版社，2019年。

9. 唐小松：《加拿大发展报告》，北京：社科文献出版社，2017年。

10. 王彤福、晓晨：《加拿大风情录》，上海：世界知识出版社，1996年。

# 第二章　加拿大历史

加拿大是一个年轻的移民国家。有研究显示，最早来到加拿大这片土地的是亚洲人。15世纪，欧洲人先后踏上新大陆，开启了殖民争夺战。1867年，加拿大自治领联邦成立。1982年，加拿大获得立宪和修宪的全部权力。本章主要介绍五个时期的加拿大历史，即原住民时期的加拿大、殖民地时期的加拿大、自治领联邦时期的加拿大、两次世界大战期间的加拿大及第二次世界大战后的加拿大。

## 第一节　原住民时期的加拿大

冰河时代冰川席卷大陆后，亚洲人经过白令陆桥（Beringia）到达阿拉斯加（Alaska）和育空河谷地区的非冻土地带[①]。他们逐渐朝着其他地区分散，依托各地区独特的地形，形成了各具特色的经济模式、语言特色和文化习俗。加拿大原住民语言多样，据统计，现存的加拿大原住民语系共有12种。

### 一、毛皮贸易

加拿大早期居民主要分布在七个地区，包括大西洋沿岸地区、东部林地、中部平原地区、西北沿海地区、高原地区、亚北极地区及北极区。

大西洋沿岸地区的米克马克人（Mikmag）、马利赛特人（Maliseet）主要以狩猎及捕鱼为生。休伦人（Huron）、皮顿人（Petun）、易洛魁人（Iroquois）和阿尔冈昆人（Algonquin）生活在东部林地，从事狩猎捕鱼及毛皮贸易。中部平原地区的克里人（Cree）、奥吉布瓦人（Ojibwa）和阿希尼伯因人（Assiniboine），

---

[①] 玛格丽特·康拉德：《剑桥加拿大史》，王士宇、林星宇译. 北京：新星出版社，2019年，第2页。

也从事毛皮贸易。西北沿海地区聚居着钦西安人（Tsimshian）、海达人（Haida）、萨利什人（Salish）和特林基特人（Tlingit），他们擅长木雕、绘画和捕鱼，毛皮贸易是他们重要的经济活动。高原地区的弗雷泽河（the Fraser River）和汤普森河（the Thompson River）为生活在该地区的萨利什人等提供了丰富的鱼类资源。生活在亚北极地区的阿萨巴斯卡人（Athabaska）以渔猎和采集野果为生。因纽特部落生活在北极区，由于北极区气候严寒，土壤贫瘠，北美驯鹿和海豹成为因纽特人最主要的食物来源，在他们的日常生活中占据了重要的地位。

在早期加拿大历史上，毛皮贸易发挥着重要的作用。加拿大原住民收集毛皮与欧洲人交易以换取铁器、枪支等物品。部落间为争夺毛皮引发的冲突日益加剧，休伦部落和易洛魁部落间的冲突最为典型。

## 二、休伦部落

历史上，休伦人主要生活在乔治亚湾（Georgian Bay）和锡姆科湖（Lake Simcoe）地区。该地区土壤肥沃，水源充足，为农作物生长提供了优越条件。除农耕外，休伦人还狩猎和捕鱼。休伦人擅长使用桦树造船，这种船轻巧灵活，可以搭乘5~12名船员。相较于其他流动性大的原住民部落，休伦人生活较为稳定，他们有固定的居住地。休伦部落村庄规模不大，受土地和木材资源制约，每10~15年就要搬迁一次。[①]

休伦部落的各项事宜，由以行政首领及其他年长男性组成的民事委员会和以军事首领及其他年长男性组成的军事委员会共同管理。两个委员会各司其职，分别负责部落的日常事务及对外征战。

宗教信仰是部落生活中的重要内容，不同的部落信仰不同的神灵。在休伦部落中，天神是最重要的神灵，休伦人认为天神统管一切。17世纪，法国耶稣会传教士陆续到达加拿大，传播天主教，企图同化当地的原住民，让其放弃抵抗，从而获得原住民的土地和毛皮。耶稣会传教士学习当地部落的语言，与部落居民生活在一起，法国商人也只与皈依天主教的休伦人进行商业往来。部分休伦人放弃了原有的宗教文化和习俗，转而信仰天主教，但大部分休伦人仍然坚持信仰萨满教（Shama）。欧洲人带来了新的宗教，也带来了新的疾病，如麻疹和天花，

---

[①] Alan D. McMillan, Eldon Yellowhorn. First Peoples in Canada, 3$^{rd}$ ed, Vancouver: Douglas & McIntyre, 2004, p. 79.

这些疾病让休伦部落人口锐减，到 1640 年，大规模的传染病使得休伦部落人口锐减到约 9 千人。[1]

## 三、易洛魁部落

易洛魁人主要生活在圣劳伦斯河谷及安大略湖南部，从事捕鱼和狩猎，种植玉米、大豆和南瓜。易洛魁部落是母系社会，女性在部落中享有较高的话语权，部落首领去世后，年长的女性有权选出新的继任者。

为争夺毛皮，休伦人和易洛魁人经常发生冲突。由于特殊的地理位置和气候条件，加拿大盛产优质的海狸皮毛。16 世纪，随着欧洲人对毛皮需求的不断增加，欧洲商人与当地原住民部落间的毛皮贸易往来也越来越频繁，休伦人成了最早的毛皮贸易中间商，他们从原住民部落收购海狸皮，转卖给法国商人，从中谋利。

有研究显示，休伦人几乎垄断了这一时期的毛皮贸易。休伦人打击其他部落的中间商人，阻止他们与法国人取得联系。易洛魁人想跟休伦人一样成为毛皮贸易中间商，但休伦人紧紧控制着北部和五大湖地区的毛皮贸易，并拒绝和易洛魁人谈判，这就阻碍了易洛魁人向西北地区获取毛皮计划的实施，从而加剧了与易洛魁人的冲突。

1642 年，休伦战争爆发。1648 年，易洛魁人发起了具有决定性意义的袭击。在这场长达 6 年的战争中，休伦人损失惨重，他们不仅要面对易洛魁部落的袭击，还受到欧洲人带来的天花等疾病的威胁。休伦战争后，休伦部落遭受了灭顶之灾。幸存的部分休伦人成为易洛魁部落的俘虏，部分休伦人跟随法国耶稣会传教士来到圣劳伦斯河附近的法国殖民点。

欧洲人到来之前，原住民部落间的冲突就已经存在。值得注意的是，他们之间多数情况下只是小规模的冲突，使用的武器也是较为原始且杀伤力较小的工具，部落冲突较少会导致灭族的危机。随着欧洲人的到来，原住民从欧洲人手中获得了火药、枪支等杀伤力较大的武器，使得战争规模升级。在休伦战争中，荷兰人为易洛魁人提供了大量的火药和枪支，易洛魁人在休伦战争中大获全胜。

---

[1] Alan D. McMillan, Eldon Yellowhorn. First Peoples in Canada, 3$^{rd}$ ed, Vancouver: Douglas & McIntyre, 2004, p. 78.

加拿大文化概况
An Introduction to Canadian Culture

## 第二节　殖民地时期的加拿大

15世纪，奥斯曼土耳其帝国迅速崛起，并垄断了东西陆地贸易。为了获得东方的香料、珠宝和黄金，欧洲各国纷纷将重心放在海上，希望找到一条通往东方的海上寻宝之路。西班牙和葡萄牙是率先进行探险活动的欧洲国家，法国也紧随其后成为最早踏上北美大陆的欧洲国家之一。随着早期探险家们逐渐深入北美大陆，北美大陆神秘的面纱日益被揭开。殖民者们加速了殖民进程，法国和英国殖民者在加拿大这片土地上的竞争日益加剧。

### 一、法属殖民地时期

早期，西班牙人在墨西哥、秘鲁和玻利维亚等地发现了大量黄金，这极大地刺激了荷兰、法国和英国对美洲大陆的探索。第一位对法国在加拿大建立殖民地产生重要影响的是雅克·卡蒂埃（Jacques Cartier）。1534年到1542年，卡蒂埃先后三次到达加拿大，他到达了斯塔达科内（Stadacona）和霍什拉加（Hochelaga）[①]这两个易洛魁部族村庄，同当地部落进行贸易往来。卡蒂埃没有找到通往亚洲的水上通道，但却意外地增加了法国人对加拿大原住民部落文化的了解。他的探险有利于北美东部地图的绘制，这为法国在北美建立殖民地奠定了基础。

1603年，塞缪尔·德·尚普兰（Samuel de Champlain）来到加拿大五大湖地区，在欧洲人和加拿大原住民之间的毛皮贸易中发挥了重要的作用。1608年，尚普兰在圣劳伦斯河谷建立了第一个毛皮贸易站和定居点魁北克。随着毛皮贸易不断取得成功，法国殖民者开始从大西洋沿岸不断深入内陆，沿圣劳伦斯河流域建立了重要的商业贸易站点三河镇（Three Rivers）和蒙特利尔镇（Montreal），史称"新法兰西"，尚普兰也因其贡献被称为"新法兰西之父"。

1661年，法国国王路易十四（Louis XIV）亲政，他力图重振国内经济，恢复法国在欧洲大陆的霸主地位，加强对美洲殖民地的建设和管理。1665年，路易十四派遣军队前往新法兰西镇压易洛魁部落，维护殖民地的安全。由此，法属加拿大殖民地迎来了二十多年相对和平的发展时期。

---

[①] 斯塔达科内和霍什拉加分别为今天的魁北克和蒙特利尔。

## 第二章 加拿大历史

加强对殖民地的官方管理是路易十四采取的第二项措施。路易十四将殖民地的管辖权从新法兰西公司收回,将其作为法国的一个行省,纳入国王的直接管理。总督是国王最直接的代表,有权调动军队,处理殖民地与英国殖民者、殖民地与加拿大原住民部落关系。省长来自一般贵族家庭,地位低于总督,负责管理殖民地财政,执行具体的行政命令。

路易十四采取的第三项措施是鼓励移民。法属加拿大殖民地早期人口呈现出两个较为明显的特征,其一是人口往来多为季节性,很少出现永久居住者。加拿大冬季气温低且时间长,渔民和毛皮商人不愿在此过冬,他们通常都是春夏季节来到加拿大,在秋季结束前返回。法属殖民地人口的第二个特征是,男女人口比例失衡。早期的加拿大地广人稀,气候严寒,生存条件恶劣。最初来到加拿大殖民地的大多都是男性,很少有女性自愿来到这片荒芜严寒之地。为了平衡殖民地男女人口比例和促进人口的增长,路易十四执政后发起了"国王之女"(The King's Daughters)招募计划。1663 年至 1673 年,有 775 名单身女性响应该计划来到新法兰西殖民地。[①] 在此政策下,法属加拿大殖民地人口有所增长。

从 17 世纪末开始,欧洲各国利益交织,冲突也不断加剧,欧洲大陆上最主要的矛盾演变为英法两国间的霸权争夺,其战火也蔓延到了两国在海外的殖民地。17 世纪末到 18 世纪中叶,英法两国在加拿大这片土地上多次交战,其中包括威廉王之战(King William's War)、安妮女王之战(Queen Anne's War)、乔治王之战(King George's War)和七年战争(the Seven Years War)。

为达到其称霸欧洲的目的,路易十四在欧洲大陆发动了奥格斯堡联盟战争,北美战场史称威廉王之战。新英格兰、阿卡迪亚、纽芬兰等地爆发战争,魁北克、罗亚尔港、哈得孙湾等地也未能幸免。在这次战争中,加拿大原住民易洛魁部落与英国人结成同盟,多次袭击新法兰西殖民地。1697 年,这场持续十年的战争宣告结束,英法两国在北美殖民地的总体势力范围并未改变。

1702 年,英法两国在北美再次开战,史称安妮女王之战。法军与加拿大原住民结成同盟,袭击了英国在北美的殖民地,战争持续了 12 年。1713 年,欧洲各国签订了《乌得勒支条约》(Treaty of Utrecht)。该条约规定法国将纽芬兰、阿卡迪亚和哈得孙湾割让给英国。安妮女王之战是英法两国在北美大陆正面交锋的

---

[①] Christopher Moore, "Colonization and Conflict: New France and Its Rivals (1600 – 1760)", *The Illustrated History of Canada*, 25th ed. Craig Brown, Montreal & Kingston: McGill-Queen's University Press, 2012, p. 118.

第二场战争，法国在这次战争中遭受重创，丧失了大部分北美殖民地。

1744年北美爆发乔治王之战，在这场战争中，英军成功攻占法军重要要塞路易斯堡（Louisbourg）。法国最终以牺牲在印度的殖民地为代价重新换回路易斯堡。

1756年，七年战争爆发，这是英法两国在北美这片土地上最终的力量角逐。战争开始的第一年，法国军队在印第安盟友的支持下掌握了主动权。1759年9月，詹姆斯·彼得·沃尔夫（James Peter Wolfe）指挥英军攻克魁北克，第二年攻占蒙特利尔。1763年2月10日，英法两国签订《巴黎和约》（Treaty of Paris）。该合约规定新法兰西行省和圣让岛等归属英国，路易斯安那归属西班牙，法国只拥有圣皮埃尔（St. Pierre）和密克隆岛（Miquelon）两座小岛。

法国在七年战争中的战败，标志着北美殖民地进入了英属北美殖民地时期。英属北美殖民地范围扩大，但挑战也随之而来，英国的统治遭到了原住民部落的强烈抵制。1775年美国独立战争爆发，大西洋沿岸的13个英属殖民地宣布脱离英国的统治，获得独立。1812年，英美两国爆发第二次战争，对英属北美殖民地造成了威胁。此外，法裔加拿大人与英裔加拿大人的冲突也加大了英国管理殖民地的困难。

## 二、英属殖民地时期

英国接管原法属加拿大的殖民地后，面临两个燃眉之急：平定印第安人的反抗和管理法裔加拿大人占绝大多数的魁北克省。战后，英国深入内陆接手法国的贸易站，并企图占领原住民部落的土地。英国的这些举动严重损害了加拿大原住民部落的利益，为此部落联合起来反抗英国人，他们之间的冲突持续了大约两年的时间。为了保障新殖民地的安全，英国人与印第安人进行和谈，取得了一定的成果。1763年，英国殖民者颁布了《1763年皇家宣言》（Royal Proclamation of 1763），该宣言禁止任何人私自越过阿巴拉契亚山脉进入印第安人的领地，也禁止任何人越过官方机构直接从印第安人手中购买土地。

英国殖民者暂时安抚好印第安人后，开始考虑魁北克省的管理问题。英国虽在七年战争中获胜，但却为此欠下了巨额债款。为了偿还债款，英国政府向北美13个殖民地增加税收，此举促使殖民地人民反英情绪高涨。为了稳定魁北克省，避免魁北克省加入13个殖民地的暴乱，1774年，英国颁布了《魁北克法案》（the Quebec Act of 1774）。该法案规定魁北克省内取消英国代议制度，政府由总

## 第二章　加拿大历史

督和立法委员会组成并管理省内的各项事宜；承认天主教在魁北克省的合法地位，并保留天主教会征收十一税的特权；保留新法兰西时期的封建领土土地制度；宣布英国刑法与法国民法并行。这些条款极大地保留了生活在魁北克省的法裔加拿大人原本的生活习惯，有利于魁北克省的稳定和发展。但法案却激怒了北美13个殖民地的居民，他们认为英国宁可向法裔加拿大人妥协也不愿同殖民地的人进行谈判，魁北克法案加速了美国独立战争的爆发。

美国独立战争期间，13个殖民地中有大批人选择站在英国这边反对美国革命，他们被称为保皇派（Loyalists）。独立战争后，保皇派的财产被没收，自由选举权也被剥夺。大部分保皇派北上来到魁北克、新斯科舍和芬迪湾北岸等地，也有保皇派乘船返回英国或逃往西印度群岛。此时，魁北克省内大部分都是法裔加拿大人，他们大多生活在圣劳伦斯河下游一带。随着大批保皇派的涌入，圣劳伦斯河一带已无空地容纳他们。为了避免保皇派与法裔加拿大人产生冲突，总督弗雷德里克·哈尔迪曼德（Frederick Haldimand）将保皇派安置在安大略湖半岛附近。

英国当局认为，美国爆发独立战争是因为政府给予了殖民地过多的自主权。为了避免同样的情况出现在魁北克省，英国于1791年颁布了《1791年宪法》（Constitution Act of 1791），将魁北克省分为上加拿大省（Upper Canada）和下加拿大省（Lower Caneda），两省大致以渥太华河为界。上加拿大省位于圣劳伦斯河的上游，居住人口主要是从13个殖民地移民而来的英国人，保皇派占大多数。法案规定省内的各项制度与英国保持一致：实行代议制，英国国教为官方宗教，英国的法律为官方法律，实行自耕农土地所有制。下加拿大省位于圣劳伦斯河下游，省内法裔加拿大人占绝大多数。法案还规定：省内的制度基本保持不变，天主教为合法宗教，保留法国的法律和封建领土制度。

《1791年宪法》是对下加拿大省政治制度的第三次调整，该宪法规定下加拿大省实行代议制度，总督由英王任命并享有任命省督的权力。除总督外，还设有行政委员会和立法委员会，总督及委员会有权对重大事项做出决策。值得注意的是，总督和非选举产生的委员会大多是英国人，他们始终把英裔加拿大人的利益放在第一位。为了安抚下加拿大省的法裔加拿大人，设立了一个民选产生的机构，即立法议会。虽然法裔加拿大人有机会通过选举进入立法议会，但立法议会并没有最后的决策权。

上加拿大省也设有行政委员会和立法委员会，这两个委员会的成员大多是富有的商人和农场主，或者社会地位较高的教会教士，他们联手组成寡头政治集团。在处理上加拿大省日常事务时，委员会的成员往往顾及自身阶层的利益，不关注中下层人民，两者间的矛盾不断加剧，改革之声呼之欲出。上加拿大省于1837年12月发动了起义，但起义很快被英国镇压下来，领导者威廉·莱昂·麦肯齐（William Lyon Mackenzie）逃往美国。

上加拿大省在酝酿改革运动时，下加拿大省也面临种种矛盾。英裔加拿大人与法裔加拿大人混居的下加拿大省所存在的矛盾比上加拿大省更为复杂，这是两个民族间不同的文化、宗教和经济利益的冲突导致的。1837年11月，下加拿大省发生暴动，但这场暴动以失败告终，暴动领导者路易斯-约瑟夫·帕皮诺（Louis-Joseph Papineau）和罗伯特·纳尔逊（Robert Nelson）逃往美国。

虽然上、下加拿大省的起义均未获得成功，但却引起了英国当局的警觉，他们意识到要尽快解决上、下加拿大省的问题。约翰·乔治·兰布顿（John George Lambton），即德拉姆伯爵（Lord Durham）奉命于1839年到达英属北美殖民地，对殖民地叛乱进行调查。1840年，英国议会讨论并通过了议案，将上、下加拿大省合并为加拿大省。1841年，上、下加拿大省正式合并，平均享有议会的84个席位，英语是唯一的官方语言，两地仍沿袭各自原来的社会制度。1848年3月，加拿大省组建了第一个责任政府。

## 第三节　自治领联邦时期的加拿大

在加拿大省成立责任政府，是缓解上、下加拿大省矛盾的一次成功尝试。为了摆脱对美国经济的依赖，保护殖民地各省的土地不受侵犯，1867年7月1日，加拿大殖民地成立了加拿大自治领联邦。在联邦政府的领导下，越来越多的殖民地选择加入这个"从海洋到海洋"的联邦。随着领土面积的不断增加，联邦也迎来了前所未有的新发展。

### 一、自治领联邦成立的背景

美国经济制裁的威胁是促成自治领联邦形成的一个重要因素。19世纪中叶，英国完成了工业革命，国内的工业资产阶级取代土地贵族登上政治舞台。他们迫切地想要打开欧洲其他国家的市场，先后废除了《谷物法》（Corn Laws）和《航海条例》（Navigation Acts），倡导贸易自由。

随着国门的打开，英属北美殖民地的经济部门如航运业、面粉业遭受了重大损失。1854年，英属北美殖民地商人与美国签订了《互惠条约》（The Reciprocity Treaty of 1854），重振加拿大的经济。1861年，美国内战爆发。美国北方各州认为，英国当局暗中支持南方各州，扬言战后要将矛头对准加拿大。殖民地十分害怕美国北方对其进行经济制裁，开始团结起来组建联邦政府，扩大市场，维护自身领土安全。

铁路的修建促进了自治领联邦的形成。1852年至1867年，英属北美殖民地大力修建铁路。这些铁路连接了部分大西洋港口和五大湖地区及圣劳伦斯河附近的城市。铁路的修建虽然促进了城市间的联系，却使政府负债累累，出现了财政赤字，殖民地各省开始考虑建立一个大联盟，以减轻各省的经济负担。

加拿大自治领联邦的出现，也与英国对殖民地政策的转变密切相关。英国最初对北美殖民地各省的联合并未产生兴趣，但美国对西部土地的觊觎让英国感受到了威胁。英国迫切想让英属北美殖民地各省联合起来，加速开发西部土地。此外，加拿大杰出的政治领袖们积极促使各省联合起来，成立联邦。

## 二、三次重要会议

自治领联邦形成的过程中，夏洛特敦会议（1864）、魁北克会议（1864）和伦敦会议（1867）十分重要。沿海殖民地三省害怕受到美国的经济制裁，希望建立海洋殖民地联盟。1864年9月，新不伦瑞克、新斯科舍和爱德华王子岛三省代表在爱德华王子岛的夏洛特敦召开会议，加拿大省代表闻讯也赶来参加了这场会议，以约翰·亚历山大·麦克唐纳（John Alexander Macdonald）为代表的加拿大人在会上竭力说服大家联合起来，建立起英属北美殖民地范围内的联邦，一场沿海省联盟会议由此变成了关于全面联合的讨论。

1864年10月，英属北美殖民地各省代表齐聚魁北克，对自治领联邦的体制、首都及联邦中央政府和省级政府之间的权力分配等进行了全面讨论。麦克唐纳主张建立一个强有力的联邦中央政府，保护殖民地省份领土和经济安全。经过两周多的激烈讨论，各省代表最终通过了72条决议案，即《魁北克决议》（Quebec Resolutions）。

加拿大、新斯科舍、新不伦瑞克三省代表于1866年12月到达伦敦，与英国官员一起对《魁北克决议》进行最后的修订。1867年2月，英国议会批准了修订后的《魁北克决议》，将其更名为《英属北美法案》（the British North America

Act)。1867年7月1日，该法案正式实施，加拿大自治领联邦同日成立①，首都设在渥太华，麦克唐纳出任首届总理。

### 三、自治领联邦的成长

新成立的加拿大自治领联邦只有四个省，内部结构松散。面对美国领土扩张的威胁，加拿大自治领的当务之急就是巩固联邦政体，争取其他各省的加入。

1867年3月，美国从俄罗斯手中购买了阿拉斯加，企图使大不列颠哥伦比亚省加入美国。②麦克唐纳等人认识到要立刻采取行动，务必抢在美国人之前争取更多的省份加入联邦。1869年3月，在英国的帮助下，自治领政府以30万英镑的价格，从哈得孙公司买下了鲁伯特地区和西北地区，但却遭到梅蒂斯人的反抗。梅蒂斯人是欧洲人和当地原住民的后裔，主要居住在西北的红河地区。他们在路易·里尔（Louis Riel）的领导下成立了临时政府，武装反抗联邦政府的扩张。1870年5月，联邦政府与梅蒂斯人达成协议，成立了马尼托巴省，并于同年7月加入自治领联邦。

1871年，大不列颠哥伦比亚成为自治领联邦的第六个省。1873年，爱德华王子岛由于无法承担巨额的债务，选择加入加拿大联邦。1949年3月，纽芬兰省加入加拿大联邦。

## 第四节　两次世界大战期间的加拿大

1911年，保守党的罗伯特·莱尔德·博登（Robert Laird Borden）竞选为加拿大联邦总理，结束了自由党长达15年的统治。但是，博登上台并不意味着加拿大的发展将一帆风顺，相反，他前方是困难重重之路。保守党的执政之路受到来自魁北克民族主义和其他地区民族主义的阻碍，难以获得全民支持。除此之外，博登政府还受到纷繁复杂的国际形势影响。1914年8月4日，英国对德宣战，加拿大卷入英国和德国的战争。

---

① 法案将上、下加拿大省划分为安大略省和魁北克省。安大略省、魁北克省、新不伦瑞克省、新斯科舍省共同组成统一的联邦国家——加拿大自治领。
② 1856年，有人在弗雷泽河发现了金子，大批美国人闻讯赶来，为了避免美国将此地据为己有，英国政府于1858年宣布成立不列颠哥伦比亚殖民地。

## 第二章　加拿大历史

### 一、第一次世界大战中的加拿大

1914 年，加拿大加入第一次世界大战。战争前期，加拿大人对参战争议较大，但是随着战争形势的变化，加拿大人转而投身战争。然而，由于战前准备不充分，加拿大在战争中人员伤亡惨重。战争期间在国外服役的 40 万军人，伤亡三分之二。[①] 战争增加了加拿大的财政负担，导致国家债务剧增，国内各民族的矛盾激化，对加拿大的政治体制造成了巨大伤害。但不可否认，加拿大积极的应战态度及其在战争中卓越的表现，为它在国际社会中争取平等地位打下了基础，国际影响力得到提升。

加拿大加入第一次世界大战的目的是争取国家地位。加拿大军队在第一次世界大战中的功绩使其在英帝国内的地位得到了提升，增强了加拿大争取独立的决心。加拿大在战场上的成功离不开博登政府的努力。博登坚持加拿大实行特别建制，推动了加拿大军团的建立与壮大。

国际形势也对加拿大发挥影响力起到了促进作用。1916 年，戴维·劳合·乔治（David Lloyd George）出任英国首相，重新协调了英国政府与各自治领政府之间的关系，新的帝国局面形成了。

德国对英法的封锁和美国的中立态度，对加拿大在英帝国内的角色变化产生了重要影响，调整帝国内部关系已成大势所趋。乔治成立帝国战时内阁，探讨重大军事决策。加拿大自治领代表虽然对相关事项拥有了一定的决定权，但是加拿大始终被排除在帝国战时内阁之外，难以平等参与条约制定。在意识到加拿大的这一处境时，博登做出了相应努力，提出了抗议。最终，加拿大作为独立国家参加了巴黎和会，并在《凡尔赛和约》（Treaty of Versailles）上签字。加拿大代表又通过不懈努力取得了国际联盟和国际劳工组织的正式成员资格。第一次世界大战使英帝国内部更加团结，加拿大也从中获得了一些有利的发展机会，逐渐跻身世界强国之林。

### 二、大萧条冲击下的加拿大

20 世纪 20 年代，加拿大经济逐渐走向繁荣，得天独厚的地理位置和蓬勃发展的美国经济，赋予了加拿大经济腾飞的机遇，加拿大经济实力不断增强。国内

---

[①] 张友伦：《加拿大通史简编》，天津：南开大学出版社，1994 年，第 177 页。

外对纸浆和矿物的需求，促使加拿大工人进入北部森林地区从事伐木作业。水力发电发展迅速，传统农场艰苦的耕作模式逐渐被现代机器取代。农业生产，特别是小麦种植，连年丰收，加拿大一跃成为世界上最大的小麦出口国。但是，加拿大地区之间的商业和经济发展不平衡，一些地区经济增长滞后。1929年10月，经济大萧条爆发，加拿大的繁荣戛然而止。加拿大出口贸易遭受巨大打击，有色金属出口量下降，更是直接动摇了国民经济基础。交通运输业不景气，农业又遭遇自然灾害，城市失业率暴增，人们购买力降低，整个国家笼罩在大萧条的乌云之下。

1930年，保守党领袖理查德·贝德福德·贝内特（Richard Bedford Bennett）上台，承诺带领民众摆脱经济危机。贝内特模仿美国罗斯福新政，实施了一系列改革，以保护加拿大的经济体系，缓解经济大萧条带来的冲击。贝内特政府大幅提高加拿大关税税率，缓和国内的经济危机，并将报复性关税当作前往世界市场的砝码，出台政策保护本国工业，大力减少进口，缓解国内失业问题。这些过激贸易限制措施不仅稳定了国内市场，还降低了失业率。同时，加拿大各省因地制宜，出台措施，对抗危机，但始终未能从根本上解决经济危机留下的后遗症。

贝内特政府试图通过救济民众来缓和经济危机引发的社会矛盾，但回天乏术，没有解决大萧条下的固有经济矛盾，无法满足广大人民的需求。社会危机暗流涌动，各派政治力量伺机而动，要么坚持维护国家路线，建立激进的联邦党，实行新的激进政策；要么坚持走地方路线，建立新的复兴联合政府和新的地方合作企业。①

1935年，麦肯齐·金再次当选。金政府调查历史遗留问题，成立皇家委员会，调研自治领政府与各省间的关系，提出改革建议。

## 三、第二次世界大战中的加拿大

金政府的改革措施始终未能顺利实施，加拿大再次卷入国际纷争。1939年9月10日，加拿大召开国会，宣布加入同盟国，参加第二次世界大战。

金政府对战时经济实施严格控制，大量招募女劳工，缓解战时劳动力短缺问题，战时经济获得发展。1940年，加拿大实施国家资源动员法，管控和分配国家资源。战时需求的增加促进了大批军工企业的产生，新式军工生产带动了新兴

---

① 张友伦：《加拿大通史简编》，天津：南开大学出版社，1994年，第205页。

工业部门的崛起，工业结构进一步优化，助推了经济的进一步发展。

出口市场因马歇尔计划得到扩大。战后加拿大的国民生产总值从 1945 年的 118 亿美元上升到了 1950 年的 184 亿美元。① 同时，加拿大积极参与了联合国、国际货币基金组织和世界银行的创立，国际影响力进一步扩大。

战争除了给加拿大带来经济发展机会外，也促进了加拿大社会政策的完善。1940 年，联邦政府实行了全国失业保险计划，通过了《失业保险法案》（The Unemployment Insurance Act），全国性的失业保险制度得以确立。金着手主持了战后规划，设立了重建部、全国卫生福利部和退伍军人事务部等。金政府通过法律要求公司重新雇用军人从事他们原先的工作，给予退役军人优厚待遇。此外，金政府于 1945 年通过了《家庭补贴法》（Family Allowances Act），向全国的母亲们每月发放家庭津贴，为加拿大的福利体系奠定了基础。

## 第五节　第二次世界大战后的加拿大

第二次世界大战后，在经济上，加拿大奉行北美大陆主义方针，与美国经济往来密切，导致加拿大经济高度依赖美国。美国经济逐渐渗透加拿大经济，影响并制约着加拿大的发展。加拿大既依赖美国发展经济，又担心美国资本阻碍其民族经济发展。

外交上加拿大也追随着美国的脚步。随着冷战格局的形成，加拿大逐渐卷入美国为首的遏制共产主义阵营。加拿大的选择致使其在外交上必须承受北大西洋公约组织（简称北约）和《北美防空协定》（North American Air Defence Agreement）的双重压力，受到美国政策的制约，难以发挥主动作用。

### 一、迪芬贝克时代

1957 年，保守党领袖约翰·迪芬贝克（John Diefenbaker）在大选中获胜，一举击败了自由党。迪芬贝克政府面临重重执政危机，最终未能领导加拿大走向成功。

迪芬贝克政府竭力摆脱美国资本对加拿大工业和自然资源的控制，建立国家

---

① 玛格丽特·康拉德：《剑桥加拿大史》，王士宇、林星宇译，北京：新星出版社，2019 年，第 222－223 页。

能源委员会，对能源使用进行调配，完成了南萨斯喀彻温水坝工程，实行公路建设计划来促进北部的开发。大力发展西部农业，通过信贷方式调整贸易政策，打开中国市场，促进加拿大小麦销售，助推了西部经济的发展与繁荣。迪芬贝克政府还制定相关法案，增加社会福利，改变边缘地区农场范围，缓解了乡村贫困状况。

在国内政策上，魁北克法裔加拿大人反对迪芬贝克推行的泛加拿大主义，迪芬贝克在偏远落后地区执行的经济政策触怒了多伦多和蒙特利尔的实业界，北部开发政策遭遇失败，经济滞涨，债台高筑。在对外政策方面，迪芬贝克致力减少加拿大对美国的依赖，希望恢复与英国的关系，但北美大陆主义奉行多年，美国不仅对加拿大影响深远，对英国也影响极大，迪芬贝克无法摆脱美国的制约。迪芬贝克政府推行的外交政策十分混乱，《北美防空协定》的签定、对美政策和哥伦比亚河水源开发等问题，导致加拿大政府无法良好运转。

## 二、60 年代的加拿大

20 世纪 60 年代，在加拿大政府的努力下，加拿大的经济、社会文化发生了巨大变化。加拿大的国内生产总值稳定增长，繁荣景象随处可见。城市数量不断增加，农田成为郊区或工业园，公路将地区与地区连接起来。1900 年以来，经过半个世纪的发展，加拿大俨然成为一个发达的资本主义国家，工业化程度也得到了进一步提高。

随着经济的发展，加拿大的人口自然增长和移民数量逐渐增加。大部分新移民投入北部的金属矿产开发和草原地区的石油开发。同时，新的移民政策提高了移民人群的素质，掌握熟练技术和先进科学知识的人才涌入加拿大城市，促进了加拿大的城市化发展。

## 三、动荡前行的加拿大

1968 年 4 月 20 日，皮埃尔·特鲁多（Pierre Trudeau）［为与其子贾斯廷·特鲁多（Justin Trudeau）相区分，后称老特鲁多］出任加拿大第十五任总理。在老特鲁多政府期间，加拿大处于历史上最混乱的一段时期。世界经济结构发生了巨大变化，受布雷顿森林体系（Bretton Woods System）影响，全球经济出现通货膨胀，物价飞涨，加拿大受美国经济影响深远，国内的经济环境十分不佳。这一系列问题导致加拿大这一时期深受通货膨胀、高失业率等问题困扰。

## 第二章 加拿大历史

经济的不景气引发了一系列社会问题,如移民问题、民族问题、劳工就业、收入不均等,社会矛盾激增,老特鲁多政府遭遇诸多管理困难。最为突出的魁北克民族矛盾问题,使老特鲁多政府在英法双语之间难以抉择,民族分离主义之风盛行。民族矛盾激化导致了十月危机,恐怖组织魁北克解放阵线绑架了英国贸易专员詹姆斯·克罗斯(James Cross)和省政府阁员皮埃尔·拉波特(Pierre Laporte),后者被残忍杀害。

老特鲁多最突出的成就是对加拿大的宪法做出的巨大贡献。1982年的《加拿大宪法法案》(Constitution Act,1982)中的《加拿大权利与自由宪章》(Canadian Charter of Rights and Freedoms)保证了民权和自由,保护了原住民、妇女、同性恋和少数族裔的权益。虽然老特鲁多在任时加拿大的经济并未得到巨大的发展,但他在任职期间做出的努力使加拿大的经济开始复苏,也为加拿大后来的发展打下了基础。

1984年9月,保守党人马丁·布赖恩·马尔罗尼(Martin Brian Mulroney)成为加拿大总理。马尔罗尼上台后致力发展经济,以此解决失业问题和联邦财政赤字。为促进加拿大经济的发展,马尔罗尼政府采取新自由主义经济政策,减少国家对经济的控制和干预,构建更为开放的市场经济体制,改善外来投资环境,吸引外资投入。与以往政府不同,马尔罗尼政府积极与美国建立紧密的经济关系,达成自由贸易协定,开放加拿大经济市场,使加拿大在北美市场站稳了脚跟,在全球性的贸易竞争中更具活力。马尔罗尼政府也面临宪法难题,特别是魁北克问题。他通过《米其湖协定》(Meech Lake Accord)将魁北克置于特殊地位,极大地增强了魁北克的省权,这一协定遭到来自魁北克之外的其他政治力量的指责。各方政治力量的崛起以及改革党的新呼声使马尔罗尼难抗压力,最终退出政治舞台。

马尔罗尼政府之后,加拿大经历了金·坎贝尔(Kim Campbell)、让·克雷蒂安(Jean Chretien)、保罗·马丁(Paul Martin)、斯蒂芬·哈珀(Stephen Harper)政府的管理,在民族问题、社会文化问题等方面的政策日渐成熟,加拿大发展势头良好。

2015年10月,加拿大第十五任总理之子、自由党贾斯廷·特鲁多,成为加拿大总理,并于2019年和2021年连任。小特鲁多上任以来,积极应对全球气候问题,出台家庭福利政策,提高就业率,坚持实行财政赤字,刺激国内经济增长。在对外政策上,小特鲁多致力修复加拿大和美国的关系,加大力度应对反恐、气候变化等全球性问题。在不断变化的国际形势下，加拿大始终致力发挥其国际影响力，与中、日、俄、美等建立多边外交关系，在国际舞台上继续扮演重要的角色。

# 本章小结

　　早期生活在加拿大的原住民部落众多，他们从事打猎、捕鱼和农业生产，语言和生活方式多样。休伦部落和易洛魁部落间经常发生冲突，易洛魁人还与法国殖民者交战。法国在与英国的殖民争夺战争中丧失了在北美大陆的大部分殖民地。七年战争的结束，标志着这片土地进入了英属北美殖民地时期。

　　英国为了巩固殖民地的统治，缓和英裔加拿大人与法裔加拿大人之间的矛盾，颁布了相关的条例。英属北美殖民地在英国享有较低的贸易税，发展殖民地经济。英国完成工业革命后，废除了《谷物法》（Corn Laws）和《航海条例》（Navigation Acts），倡导贸易自由政策，导致英属北美殖民地原本在英国享有的经济优势不复存在。英属北美殖民地不得不与相邻的美国签订贸易协定。英美两国之间的冲突在美国内战期间加剧。为了摆脱对美国的经济依赖以及抵制美国的入侵，英属北美殖民地各省代表召开了三次会议，组建了新的自治领联邦政府。

　　加拿大先后卷入了两次世界大战：第一次世界大战期间，依靠战时经济政策，在经济方面获得了迅速的发展；第二次世界大战期间，发展了国内的工业和农业，城市化进程加快。加拿大的国际影响力逐渐增强，在国际社会中发挥着重要作用。

**思考题**

1. 生活在北美大陆上的原住民部落有哪些？请列举一两个给你留下深刻印象的部落。
2. 法国为管理在北美的殖民地采取了哪些措施？与原住民部落的关系如何？
3. 英国为缓和法裔加拿大人与英裔加拿大人之间的矛盾做了哪些努力？
4. 英属北美各殖民地是如何走向自治领联邦国家的？简述其成立的过程。
5. 简述第二次世界大战后加拿大的经济情况。
6. 迪芬贝克政府对加拿大有何贡献？

## 本章推荐阅读

1. Brown, Craig, ed. *The Illustrated History of Canada.* Montreal & Kingston：McGill-Queen's University Press, 2012.

2. Conrad, Margaret. *A Concise History of Canada.* Cambridge：The Cambridge University Press, 2012.

3. Cox, Bruce Alden, ed. *Native People, Native Lands: Canadian Indians, Inuit and Metis.* Montreal & Kingston：McGill-Queen's University Press, 2008.

4. Eccles, W. J. *Canada Under Louis XIV 1663-1701.* Toronto：McClelland & Stewart, 2016.

5. Hunt, George T. *The Wars of the Iroquois: A Study in Intertribal Trade Relations.* London：The University of Wisconsin Press, 1978.

6. Jenness, Diamond. *The Indians of Canada*, 6th ed. Ottawa：Roger Duhamel, F. R. S. C. Queen's Printer and Controller of Stationery, 1963.

7. Lenman, Bruce P. *Britain's Colonial Wars 1688-1783.* New York：Routledge, 2014.

8. Martin, Ged. *Britain and the Origins of Canadian Confederation, 1837-67.* Vancouver：University of British Columbia Press, 1995.

9. McMillan, Alan D & Eldon Yellowhorn. *First Peoples in Canada*, 3rd ed. Vancouver：Douglas & McIntyre, 2004.

10. Miller J. R. *Skyscrapers Hide the Heavens: A History of Indian-White Relations in Canada*, 3rd ed. Toronto：University of Toronto Press, 2001.

11. Swainson, Donald. *Sir John A. Macdonald: The Man and the Politician.* Ontario：Quarry Press, 1971.

12. 阿尔弗雷德·考尔德科特：《大英殖民帝国》，周亚莉译，北京：华文出版社，2019年。

13. 姜芃：《加拿大文明》，北京：中国社会科学出版社，2001年。

14. 罗伯特·博斯韦尔：《加拿大史》，裴乃循、符延军、邢彦娜、耿小岩译，北京：中国大百科全书出版社，2012年。

15. 蓝仁哲、廖七一、冯光荣等：《加拿大百科全书》，成都：四川辞书出版社，1998年。

16. 李节传：《加拿大通史》，上海：上海社会科学院出版社，2014年。

17. 路易斯·亨利·摩尔根：《古代社会上册》，杨东莼、马雍、马巨译，北京：商务印书馆，1981年。

18. 玛格丽特·康拉德：《剑桥加拿大史》，王士宇、林星宇译，北京：新星出版社，2019年。

19. 张友伦：《加拿大通史简编》，天津：南开大学出版社，1994年。

20. 张鹏：《不可不知的加拿大史》，武汉：华中科技大学出版社，2019年。

# 第三章　加拿大政治

　　政治是以经济为基础的上层建筑，指政府、政党等机构治理国家的行为，是各种权力主体维护自身利益的特定行为以及由此结成的特定关系，也是牵动社会全体成员的利益并支配其行为的一种社会力量。作为权力主体维护自身利益的方式，政治主要表现为以国家权力为依托的各种支配行为和反支配行为。这些行为的共同特点是都以利益为中心，具有不同程度的强制性、支配性和斗争性。顾名思义，"政"指的是政府，"治"指的是治理。"政"是政权主体，"治"是维护政权的方法和手段，"治"是围绕"政"进行的。"政"是硬件，主要包括政权、政府、军队、警察、法院、监狱、政治组织、政治机构等；"治"是软件，主要包括法律、制度、政策以及由此开展的行为等。因此，本章既介绍加拿大在政府架构方面的内容，又介绍其在政府治理方面的内容，主要包括加拿大的政治制度、政治分权、政治参与方式（如政党与利益集团）及普通公民最为关注的政治利益（如福利制度）。

## 第一节　政治制度：君主立宪制与议会制

　　加拿大实行君主立宪制与议会制相结合的政治制度。加拿大在历史上长期是英国在北美的殖民地，又毗邻美国，英美两国的政治制度对加拿大均产生了深远的影响。比如，加拿大的联邦制就是仿效美国，议会制则是效仿英国。加拿大是英联邦的一个成员国，英国国王（以下简称英王）是加拿大的国家元首和政府象征，但其权力仅限于国家宪法所规定的范围。英王既是加拿大的国家元首，也是其他英联邦国家的元首。

　　从国家主权行使的角度来看，加拿大采取的是君主立宪制，加拿大的主权属于英王，但英王又是在宪法框架下行使主权。从权力运行方式来看，加拿大采取的是议会制，但其议会制是立法权和行政权高度结合的一种形式，即议会既是立法机构，而由议会产生的总理及内阁又是最高行政机构。从中央和地方关系的角度来看，加拿大采取的是联邦制，即联邦政府和地方政府各司其职，地方政府享有一定的自主权。

## 一、英王与总督

加拿大的行政权力名义上属于英王，这是加拿大作为英国殖民地遗留下来的历史印记。作为英联邦国家之一，加拿大名义上的国家领袖是英王，但大多数加拿大人把英王看作"对抗美国文化入侵的一堵防护墙"[①]。加拿大总督是英王在加拿大的代表，由总理推荐并由英王任命。只要英王愿意，总督无任期限制，一般任期为5~6年。虽然《1867年宪法法案》（Constitution Act, 1867）第9条、第10条规定总督代表英王在加拿大行政机构中有着至高无上的权威，但总督必须听取总理与内阁的建议。在今天的加拿大，总督主要起象征性作用，真正的行政首脑是总理及内阁，这些人来自经选举产生的众议院。

加拿大总督的主要职责包括签署法令，召集议会或在总理的提议下解散议会，主持总理、最高大法官、内阁和枢密院的就职仪式，统帅三军等。作为国家元首，总督接受外国大使递交的国书，以国宴款待外国政要、授予荣誉。但是，总督这一职务最重要的作用主要是礼仪性质的，议会才是加拿大最高的权力和立法机构。总督是超脱于世俗政治之上的加拿大国家尊严的具体体现，在加拿大人中起着凝聚人心的作用。

加拿大各省还设有省督，省督是总督在各省的代表，由总理提名，总督任命。省督负责签署省法令、出席各种仪式等。省督在每次省议会工作期开始前宣读《王室公告》（Royal Proclamation），主要内容是省政府对此次议会的议事日程和主要内容。省督的另一个作用是，当一项重要的省政府议案被省议会否决时，政府就得辞职，这时省督就要宣布解散省议会，进行新一届省议会选举。

## 二、议会制

加拿大实行立法、行政高度结合的议会制度。位于首都渥太华的议会大厦是

---

[①] 刘尧、李慧敏：《英语国家概况——爱尔兰、新西兰、加拿大和澳大利亚》，重庆：重庆大学出版社，2017年，第80页。

加拿大政治权威的象征，立法者（议会议员）和对立法机关负责的内阁部长们（同时也是议会议员）在这里办公，体现了加拿大立法权与行政权的高度结合。立法权属于议会，行政权属于产生于议会的以总理和内阁为代表的政府，议会监督政府。

加拿大议会分众议院和参议院。众议院议员由选举产生，是实际的立法机构，产生于众议院的总理和内阁是国家行政权的核心，行使行政权。参议院议员由任命产生，不具有实际的立法权和行政权。

## 三、联邦制

加拿大在中央与地方的权力分配关系上实行联邦制。根据《1867年宪法法案》第5条，加拿大立国时分为4个省，分别为安大略省、魁北克省、新不伦瑞克省和新斯科舍省。随着后来其他省和地区的加入，加拿大联邦现由10个省和3个地区组成，自东向西为纽芬兰－拉布拉多省、新斯科舍省、爱德华王子岛省、新不伦瑞克省、魁北克省、安大略省、马尼托巴省、萨斯喀彻温省、艾伯塔省、不列颠哥伦比亚省，北部有努纳武特地区、西北地区、育空地区。在联邦制度框架下，加拿大的权力分配给了联邦政府和各省级政府。

在组成加拿大联邦的各省或地区中，最具影响力的是主要由英裔组成的安大略省和主要由法裔组成的魁北克省。在加拿大各省或地区中，值得一提的是以法裔为主的魁北克省，该省对加拿大政治有着重大影响。首先，在加拿大官方语言方面，正是由于法裔加拿大人的坚持，加拿大联邦文件的官方语言皆为英法双语。其次，魁北克的法裔坚持保留其独特性。该省独立呼声一直很高，省政府曾以"次国家行为主体"的身份派遣驻法机构[1]，也曾因此进行过数次全民公决，但1998年加拿大最高法院做出裁决，宣布魁北克省无权单方面宣布独立，2000年加拿大议会又通过了关于魁北克独立公投规则的法案，从法律上为魁北克独立设置了障碍。如果英法族裔的关系不能得到妥善处理，那么加拿大联邦将随时面临分裂的可能。

由于加拿大实行联邦制度，各省或地区有着很大的自主权，有的省或地区试图脱离加拿大联邦政府而谋求独立。魁北克省就是一个典型的例子，其他各省不

---

[1] 王助：《魁北克省与法国50年直接特殊关系》，仲伟合，《加拿大内政与外交研究》，广州：世界图书出版广东有限公司，2014年，第69页。

时也有独立呼声，如艾伯塔省希望自己的石油资源不受中央政府太多的控制，西北地区希望自己对本省的自然资源开发有更多的发言权，大西洋诸省亦对各自的沿海渔业资源及矿产资源分配颇有意见。

联邦政府在一些涉及全国性的事务，如国防、外交、邮政、铸币、银行、刑法、商贸规则、移民事务、金融货币制度、税收等方面发挥作用，同时在各省之间起协调作用，对各方利益进行调和，如在较为富裕的省份征收税款并重新分配给较为贫穷的省份，从而部分缓解贫富不均问题。省政府主要管理本省的事务，如省内的教育、健康与福利、财产和民事、医院系统、社会服务、公共安全、市政建设、土地和自然资源、环境等。除此之外，还有联邦和各省共管的事务，如永久移民、农业等。

## 第二节　政治分权：三权分立

加拿大政治制度和政治机构的建制原则是保证公民的自由和民主权利。公民选举制、联邦议会制、司法独立制，都是为了权力制衡，相互监督，防止个别领导、政党或机关可能产生的专制和腐败。在政治权力的分配上，加拿大形式上实行立法、行政、司法三权分立的制度，联邦层面及地方层面均有各自的立法、行政、司法系统，但加拿大的三权分立并不彻底，比如作为立法机构的议会与作为行政机构的政府关系十分紧密。

### 一、立法机构：议会

加拿大的立法机构是联邦议会，由总督和众议院、参议院组成。根据《1867年宪法法案》第17、18条，加拿大应设立一个议会，由英王、被称为参议院的上院和众议院的下院组成。目前，众议院是一个由338个经选举产生的众议员（每个议员从一个10万余人组成的选区中选出）组成的立法机构，参议院由总督任命的105个参议员构成。

#### （一）众议院与选举制度

众议院是由全民选举产生的代表性机构，是加拿大真正的立法权力机构，对加拿大的立法起着决定性的作用。众议院有权决定议会的法规、法令，有权决定征税、核准预算，有权根据宪法条款向总督建议撤换法官，有权宣布国家的政策。事实上，加拿大人所说的议会几乎都是指众议院。所有重要的立法都由内阁在众议院提出，关于一些重要问题的大辩论也在这里举行。由于众议院是加拿大人民通过选举推选出来的政府机关，因此理论上代表了各民族、各阶层、各宗教派别等的利益。

众议院议员由选举产生。选举是一种民主手段，它给予由选举产生的集体代表公民行使权力的合法性。加拿大联邦大选的选区数量和范围会根据每10年一次的人口普查进行一次调整，以确保众议院议员的选举能够充分反映加拿大人口的变化和分布情况。众议院议员选举采取"单一选区相对多数制"，即在某一个选区赢得票数最多的候选人当选。在某一个选区，得票最多的候选人不管其所得票数是否超过半数都可当选，也就是说，如果两名以上的候选人角逐同一联邦议员席位，即使他们的得票数都不超过半数，得票相对最多的候选人仍可以当选。另外，各省在联邦众议院中的议员席位数不得少于其在联邦参议院中的席位数。

加拿大联邦选举由选举局具体负责。选举局是加拿大负责管理联邦大选的独立的、非党派性质的机构，其法律权限是全面管理联邦大选中的各项事务。选举局在选举日程、票箱监督、选票统计、选区划分、政党选举资金分配等方面有着最后审核权和解释权。该机构直接向议会负责，并须准备在任何时候进行联邦选举、补选或公投。依据加拿大宪法惯例，一旦众议院对现政府提出"不信任动议"并获得众议院半数以上通过，众议院随即解散，全国随之进入联邦大选阶段。加拿大在任总理可以在任何时候要求总督解散众议院、宣布举行联邦大选。另外，当众议院议员退休、病逝或因其他原因离职时，众议院议长将通知选举局总干事进行补选，补选必须在总干事接到通知后第11~180天之内完成。

众议院产生后，由全体议员选举产生议长。某一议员当选议长后，必须放弃原来的党派观点而代表全体议员。议长的职责是主持众议院的日常事务，维持会场秩序和保护全体议员的利益。众议院内设有各种委员会，分别负责监管政府相关部门的工作和审议各方面的立法。包括总理在内的联邦政府各部门对众议院负责并定期报告工作。

除战时紧急状态之外，众议院议员自当选之日起一届任期最长5年，一般每4年举行一次选举，但选举可在任期届满之前进行。如果总理未能赢得众议院的信任，他会被迫向总督提出解散议会，解散议会意味着本届议会不复存在，议会议员也成为普通公民，这时必须重新选举议员。一旦总理决定进行选举并建议总督解散议会，总督就会命令选举局总干事向各选区发布选举令以使选举如期举行。

　　选举局总干事向各省选区划分委员会通报每一省的席位数，委员会对该省的选区进行划分。除特殊情况外，每一选区选民人数大体相当，委员会尽可能按行政区域来划分选区，同时需要根据地理因素进行调整，以确保那些人口稀少的农村地区和北方地区的选区面积不至于过大。每一选区由一个选区监督员负责管理该选区的选举工作。在一个选区内，选区监督员及其团队负责设立投票区、选择投票站地点等。通常以平均每400人为一个投票区。投票站地点的选择通常要考虑泊车和出入方便，常选择学校和社区活动中心等。

　　实际上，众议院并不能完全代表加拿大全体人民。加拿大的议员代表制其实是地理区域意义上的代表制，而不是建立在收入、职业、教育程度、性别、年龄等人口结构因素之上。比如，妇女、年轻人、低学历者、低收入者的议员代表比例就明显较低。

　　各省（或地区）选举也采用类似制度。加拿大省级政府也设有议会，行使地方立法权。省议会由省督和省议院组成。加拿大联邦和地方立法权限的划分基本上是采取传统的联邦制国家的划分方法。各省级立法机关实行一院制，也是由普选产生。省级议会享有较大的立法权，可以独自制定法律、行使地方立法权。

## （二）参议院

　　加拿大参议院由105名参议员组成，其中安大略省24名、魁北克省24名、大西洋各省30名（新斯科舍省10名、爱德华王子岛省4名、新不伦瑞克省10名、纽芬兰－拉布拉多省6名）、西部各省24名（马尼托巴省、萨斯喀彻温省、艾伯塔省、不列颠哥伦比亚省各6名）、育空地区、西北地区、努纳武特地区各1名。这样的名额分配主要考虑的是各个地区的代表性，并不完全以人数为基础。参议员由总理提名，总督任命。参议员如果没有连续两次缺席会议，可以任至75岁退休，或任至主动辞职。参议员必须居住在他们所代表的省或地区内。参议院的主要工作由各委员会负责，各委员会的成员大多具有丰富的专业知识和工作经验，所有议案都由这些委员会逐条审定，并提出修改和补充意见。

　　虽然宪法规定参议院拥有几乎与众议院同等的权力，可以拟定除国家财政、税收事务议案之外的任何议案，但在政治与政府事务中，除极个别情况之外，参议院起不到举足轻重的作用。大多数加拿大人对参议院的合法性并不认同，因为参议院是由任命产生的，这背离了加拿大人的民主信条。加拿大人认为，领导民主政府的官员应当是经选举产生的而不是任命的。因此，参议院作用有限，它对众议院已经通过的议案通常是默许的，虽然它仍可对这些议案进行审查，有时进行一些细节性修改和文字润色。由于立法往往在众议院产生，而提出某项立法的内阁几乎全都是众议员，因此，拿到参议院来讨论的法案往往已经在众议院中经过了最重要的辩论。参议院是在众议院已经决定的情况下对法案进行审核，此时如果进行过多干预不仅会在众议院遭到强烈反对，而且还会使普通民众对参议院应有的作用产生怀疑。在一些次要问题上以及在一些没有争议的政府事务中，参议院可起到减轻众议院工作负担的作用。

可见，立法权几乎完全为众议院所拥有。这也可以说是众望所归，因为在整个联邦政府机构中只有众议院是经选举产生的。更为重要的是，总理和内阁几乎无一例外全部由众议院产生，他们不仅负责政府行政工作的运行，而且在众议院负责就某项法案提出动议并通过该项立法。

（三）立法程序

加拿大政府有权向议会提出法案动议，加拿大联邦的立法是在议会里进行的，政府提出的动议要经过"三读"方可成为法律。首先，内阁成员可以在众议院的施政演说中提出法案动议。一旦内阁委员会或内阁本身决定就某个问题形成确定的政策，司法部就准备一份议案，再由负责该项事务的部长在众议院就此议案作一个发言。在介绍这项议案时，部长对议案的目的作简要说明并要求众议院对其进行"一读"，这个要求几乎无一例外地会被通过。然后将议案印发给所有议员斟酌考虑。议员们有充裕的时间对议案进行仔细研究，然后进行"二读"。在这一阶段议员往往会就议案中所包含的原则进行长时间的讨论。这一阶段并不讨论议案的细节，但众议院要决定是否接受这项议案。如果"二读"顺利通过，议案将转至某个常设委员会或立法委员会，由委员会对议案的细节进行逐条研究。政府的议案明显地表达了政府的意图，并经众议院在"二读"中批准，因此不会有大的改动，但委员会可对政府议案的某些细节进行修改。委员会在结束对议案的研究之后要向众议院报告。报告阶段允许辩论，也可对议案提出进一步的修改意见。在委员会建议和进一步修改意见投票通过之后，可进行"三读"，这时反对党仍有机会为击败议案做最后的努力。众议院的工作程序既能保证政府行使管理职能，同时又能保证反对党向公众陈述不同意见。之后，议案送至参议院，参议院的通过程序与众议院相同。加拿大参议院也可提出法案动议，其通过程序与众议院提出的动议相同。加拿大联邦立法程序如图 3-1 所示：

| A | B |
|---|---|
| 部长或众议员提出议案 | 参议员提出议案 |
| ▼ | ▼ |
| 众议院 | 参议院 |
| ▼ | ▼ |
| 一读、首次投票：批准考虑议案 | 一读、首次投票 |
| ▼ | ▼ |
| 二读、二次投票：原则批准该议案 | 二读、二次投票 |
| ▼ | ▼ |
| 委员会：对议案进行详细研究 | 委员会 |
| ▼ | ▼ |
| 委员会向众议院报告：辩论并对议案的条款及修改情况进行投票 | 报告 |
| ▼ | ▼ |
| 三读、三次投票：批准议案 | 三读、三次投票 |
| ▼ | ▼ |
| 参议院 | 众议院 |
| ▼ | ▼ |
| 一读、首次投票 | 一读、首次投票：批准考虑议案 |
| ▼ | ▼ |
| 二读、二次投票 | 二读、二次投票：原则批准该议案 |
| ▼ | ▼ |
| 委员会 | 委员会：对议案进行详细研究 |
| ▼ | ▼ |
| 报告 | 委员会向众议院报告：辩论并对议案的条款及修改情况进行投票 |
| ▼ | ▼ |
| 三读、三次投票 | 三读、三次投票：批准议案 |
| ▼ | ▼ |
| 总督签字使议案成为法律 | 总督签字使议案成为法律 |

图 3-1　加拿大联邦立法程序[1]

## 二、行政机构：政府

　　加拿大政府分为联邦政府和省（或地区）政府两级。联邦政府为中央政府，地区政府与省政府平级，但由联邦政府直管且不享有与省政府一样多的自治权。联邦政府的首脑为总理，省政府的领导为省总理（省长），地区政府的领导为专员。

---

[1]　沃尔特·怀特、罗纳德·瓦根伯格、拉尔夫·纳尔逊：《加拿大政府与政治》，刘经美、张正国译，北京：北京大学出版社，2004 年，第 221 页。

## 第三章　加拿大政治

### （一）总理与内阁

加拿大总理及内阁对众议院负责。总理是由众议院中绝对多数党（指该党议员占众议院总席位一半以上）或相对多数党（指该党议员占众议院总席位不到一半但与其他支持党合计超过一半）的领袖担任。总理由总督任命。总理任期一般为4年，可以连选连任。内阁成员由总理选定，总督任命。如果内阁得不到众议院的支持，即众议院对内阁通过不信任案时，可以迫使内阁辞职，解散众议院并重新举行大选，以求得到新当选的众议院的支持。

虽然加拿大总督名义上享有英国王室在加拿大的所有行政权力和特权，但实际上执行最高行政权力的是总理和内阁成员。总理是内阁首脑，是唯一有权选定和罢免内阁成员的人，可以对内阁实行强有力的领导，很多情况下在行使职权时有自由处理权。作为政府首脑，总理拥有许多决策权，包括解散众议院并确定下一届选举的日期，委任（可向总督提议）重要的政府职位，如加拿大总督（向英王提议）、内阁成员、最高法院的法官、大使、参议院议员、联邦政府下属的机构及大型国企的负责人等。

以总理为首脑的内阁是最为重要的政府机构。在组建内阁时，总理应遵守一系列政治惯例，平衡各方利益，如重视地区平衡并使每个地区在政府机构中都有利益代表，如魁北克省和其他大省（如安大略省、不列颠哥伦比亚省等）的中心城市及其他地区、妇女、不同种族、行业及劳工利益集团都有自己的代表作为内阁成员。此外，总理还须任命代表执政党内不同态度及不同倾向的党员成为内阁成员。为了巩固政党的领导地位，总理也许会有过一些政治"人情债"，这些"人情债"可通过任命内阁成员之类的高级职务来加以偿还。

内阁可以说是总理的政治班底，有"政府的心脏"之称。内阁成员（40余名）由总理选定，总督任命。只要总督愿意，内阁成员无任期限制。内阁成员一般是众议院执政党党员，参议院中的政府首脑通常也是内阁成员。大多数内阁成员都担任某个政府部门的部长（如财政部部长、外交部部长、国防部部长等）或负责某一联邦政治方面的责任（如联邦及省之间的关系问题、妇女问题等）。每一位内阁部长对该部权限范围以内的运行管理负责。此外，内阁部长还可能是一些机构、组织、委员会和利益集团在众议院中的代言人。在实际工作中，内阁部长很少介入部内的具体事务，负责这些具体事务的是以副部长为首的专职公务员。

联邦政府中设若干部，分别由各部长主管相关工作，部长均为内阁成员。这些部门主要有外交部、国际贸易部、国防部、财政部、司法部、农业和农业食品部、林业部、海洋渔业部、自然资源部、工业部、交通部、印第安人事务和北方发展部、劳工部、公民和移民部、环境部、卫生部、加拿大遗产部、税务部、公共工程和政府服务部、多元文化和妇女事务部、退役军人事务部、人力资源和开发部、公共安全和突发事件应对部等。

由于总理和内阁均来自立法机构（即议会），所以加拿大民主制度框架下的行政权从属于立法权，这就是所谓的"责任政府"，即总理和内阁须向议会负责。从这个角度来看，加拿大联邦政府的立法机构和行政机构是高度结合的。

加拿大现任总理是贾斯廷·特鲁多，他于2021年9月20日在加拿大第44届联邦大选中以158席赢得大选，第二次连任加拿大总理，组成少数党政府。2015年10月的联邦大选中特鲁多获得184席，首次当选并组成多数党政府。由于特鲁多总理领导的少数党政府没有达到多数党政府所要求的170席（联邦众议院的总席位数为338席，因此组成多数党政府的最少席位是170席），特鲁多以妥协的方式联合其他党派，换取他们在众议院对执政党议案的支持。

由于加拿大是联邦制国家，省（或地区）政府和联邦政府分享权力。各省（或地区）设有省政府和由选举产生的省议会，每个省（或地区）都有一个单院议会。省和地区之间的主要区别在于省是根据宪法条约设立的，而地区是根据联邦法律设立的；省由各省所立的政府管辖，地区则由联邦政府直接管辖；省拥有从联邦政府中获得的相当大的自治权，而地区则比较少；省政府的行政首长是省长，地区政府的首脑是专员。各省省督代理英王在本省内行使名义上的统治权。省长由选举产生，由省长组织的省内阁也叫执行委员会，协助省长工作。省内阁成员的产生办法、省政府机构的设置和运作方式等与联邦内阁大致相同。省政府主要负责本省事务，包括教育、福利和保健、省内经济政策及税收、省内公路建设与保养、规划省内土地及自然资源、领导和管理下属地方政府等。

（二）政府工作人员

总理和内阁是加拿大行政部门的政治领导，他们负责由政府工作人员（专职公务员）组成的政府机构。这些公务员是一支庞大的执行政府政策的专家队伍，他们是辅佐各级政府首脑的重要力量。在政府的政策确定之后，政府工作的日常运转主要靠这支公务员队伍。与众议院议员（包括内阁成员）不一样，公务员一般为终身制，从全国各地通过考试招聘而来。

除日常行政工作之外，公务员（特别是高级公务员）在政策决策方面也发挥一定的作用。在政府各部公务员系统的等级结构中，处于顶点的是副部长（部长一般来自经选举产生的内阁成员）。由于这些副部长通常都在政府机关内工作多年（也有一些人是被招聘到机关上层后很快就做到副部长位置的），具有丰富的政府行政工作经验，各部部长在制定新的政策时一般会要求这些副部长提出建议。副部长助理及各司司长也都是职位很高且经验丰富的人，他们也经常被要求参与制定政策框架。这种参与政策决策的角色与他们在部里的日常管理工作并不矛盾。下面以加拿大人力资源和开发部为例说明政府官员在制定政策方面发挥的决策作用。加拿大人力资源和开发部的职能之一是为劳工纠纷进行调解和仲裁，并负责一系列有关加拿大劳工关系的政策。因此，如果部长有必要在这个领域采取一些新的政策，他就会向副部长征求意见，而副部长又会向专门负责劳工关系的副部长助理征求意见。在负责劳工关系的副部长助理手下还设有一些专门机构，分别处理调解与仲裁、劳工管理、雇员代表制等事务。当然，部内的各级领导也会就这些政策变化将对本部日常运行产生的影响、在执行新政策时还应做哪些调整等提供参考意见。一旦这些信息全部到位，副部长就会向部长汇报。然后，部长结合工会、管理部门及其他有关利益集团的意见来综合考虑本部门意见，并向内阁提出政策建议。这种建议常常就是立法草案，它可对现行法律进行修改，也可能产生新的法律。

公务员如果想在政府部门内工作，就必须放弃一般加拿大人享有的某些权利，保持中立，主动参与党派政治在公务员尤其是高级公务员中是有严格限制的。内阁、执政党换了一届又一届，公务员却相当稳定，因为公务员的责任是保证政府职能延续不断。尽管不可能完全禁止高级公务员对某个政党有所偏爱，但限制其公开参与党派政治的权利却是可能的。因此，这些人在担任公务员期间没有竞选公职的权利，在下层公务员中这个限制不那么严格。实际上，一般公务员即使有党派倾向，也并不影响他在来自反对党的部长领导下工作。

为了防止公务员在执行公务时随意做出决定，加拿大公务员必须照章办事，不能有太多的主动性和创造性。加拿大是一个社会福利国家，这就必然产生庞大的、服务于社会的政府机关。很少有人愿意放弃由政府提供的任何一项福利服务，因此，政府的福利计划就需要由众多的工作人员来实施。

### 三、司法机构：法院

为了防止政府专制，加拿大贯彻司法独立原则，司法不受内阁或议会的控制。也就是说，对加拿大法律进行解释的不是制定法律的立法者，也不是执行法律的行政机构，而是司法机构。加拿大司法体系由各级法院、联邦司法部和人权委员会构成。加拿大法院分为联邦级法院和地方级法院。

#### （一）联邦级法院

联邦级法院包括联邦最高法院、联邦法院，以及一些专门法院，如税务法院、军事法院。加拿大联邦级法院的法官由联邦政府提名，总督任命，非经众参两院同意和总督批准不得撤换。

加拿大最高法院位于加拿大司法体系的最高位置，是全国最高一级的上诉法院，共有9名法官（其中必须有3人来自魁北克省）。最高法院根据《最高法院法案》（Supreme Court Act）受理上诉案件，每次开庭不需要9名法官全部到齐，但至少需有5名法官出席。最高法院的职责主要是审理联邦法院和省高级法院转来的各种重要的上诉案件，大多涉及联邦法律或省法规的有效性、《加拿大权利与自由宪章》的运用以及政府和法院裁决的公正性，对有关法律的争议做出终审判决。

加拿大联邦法院下设审判庭和上诉庭，主要职责是受理各种反对政府的案件、涉及联邦政府人员的案件，以及有关联邦征税法规、专利权、版权和海事法的案件。联邦法院总部设在渥太华，在各主要城市设有分院，常根据具体情况在各地开庭。

加拿大税务法院受理有关所得税、消费税、养老金、失业保险等方面的民事案件，旨在解决国家税务部门与纳税人之间的争端，但不受理涉及偷税、抗税、骗税等方面的刑事案件，这些案件归各省地方法院审理。税务法院在主要城市设有税务法庭，其裁决接受联邦法院的复审。

加拿大军事审判体系由军事审判庭、上诉军事法庭及加拿大最高法院三级体系构成。军事审判庭主要负责军事案件的审理，对军事审判庭裁决不服者可向上诉军事法庭提出上诉，对上诉军事法庭裁决不服者还可以上诉到加拿大最高法院。

加拿大联邦司法部总部设在渥太华，各主要城市有分支机构。司法部的主要职能是充当政府部门的律师，为其提供法律咨询、起草有关法律文件并在必要时代理出庭。各级政府部门都有司法部人员作为法律顾问，以保证政府行为与法律条文保持一致。另外，司法部还承担公拆人的职责。

1978年，依据《加拿大权利法案》（Canadian Bill of Rights）加拿大人权委员会设立，负责该法案的实施，禁止在就业、教育和社会生活其他领域存在由种族、国籍或民族、肤色、宗教、性别、年龄、婚姻、家庭、残疾等原因引起的歧视。该委员会由2名主任委员和3~6名委员组成，其任务是受理对上述歧视行为的控诉并进行有关调查。它提出的调查报告由司法部部长提交议会，会同有关机构进行处理。

另外，加拿大联邦政府还有一项特殊的法定权力——皇家赦免权，即联邦政府有权赦免任何被判有罪的人。赦免分为无条件赦免和有条件赦免两种，无条件赦免的当事人被认为从未犯过被认定的罪行，有条件赦免的当事人可免于对所犯罪行的处罚。

## （二）地方级法院

地方级法院由省或地区立法机关批准建立。地方级高级法院又称地方上诉法院，是省和地区的最高法院，法官由联邦政府任命，其职责是审理重大案件及受理下级法院的上诉案件等。区县法院的法官由各省任命，主要审理一般的民事和刑事案件。初级法院主要审理青少年犯罪和较小的刑事、民事案件。

负责行使审判职权的主要是各省级法院。省级法院系统的最高机构是上诉终审法院，它审理已经经过下级法院审判的上诉案件。上法庭的案子绝大多数都在省级法院受理。各省的法院系统通常由刑事法院、民事法院和上诉法院三大类型构成。各省的刑事法院大致包括治安法院、郡和区法院、省最高法院、青少年法院等。各省的民事法院通常包括小额赔偿法院、郡和区法院、省最高法院、遗嘱认证法院等。各省都设有有关刑事及民事案件的上诉法院，以处理需要上诉的刑事或民事案件。

除艾伯塔省外，各省的刑事审判都有陪审团参加。审理刑事案件有12名陪审员参加，育空地区和西北地区为6名。民事案件的审理很少有陪审团参加。陪审员的挑选由各省负责，一般年龄在18~69岁之间、身心健康、没有犯罪记录的公民均可担任。需要陪审员时，各地在符合条件的公民中随机抽选，经过法官简单的培训后，陪审员可宣誓就职。陪审员主要履行两项职责：一是根据所提供的证据确定事实，二是根据法律与事实进行判决。陪审员在审判结束前，要集中住宿，与外界隔离。由于需全体陪审员意见一致判决才有效，又因大家对一些复杂案件的判断往往有分歧，所以陪审团很难迅速做出裁决，一个案件的审理一拖几个月并不罕见。所以，担任陪审员是一项费时、费力的苦差事，尤其是对工作繁忙的人来说更是如此，但这是公民的义务。某些职业（有时包括其家庭成员）可免除当陪审员的义务，如政治活动家、议员、律师、法官、警察、牧师、医生等。由于陪审团要达成一致意见费时、费力，所以对一些情况比较清楚的案件，控辩双方多采取"控辩交易"，即辩方承认有罪，愿意接受对该罪最轻的惩罚，控方可省却冗长的诉讼过程，提高办案效率。这种交易虽有利于审判机关，但对罪犯一般从轻判决，对受害方略有不利。"交易"是控辩双方的律师和法官依据事实和法律达成的。实际上大部分刑事案件都是这样审理的，用陪审团的案件是少数。

加拿大司法实践中除了法院这一角色之外，还有一项是全民公决，即以全体相关公民投票的方式决定重大而有争议的政治问题。政府和民众都可以提议用这种方式解决某一政治问题，解决问题的方式、投票的结果可以成为立法和仲裁的依据，对政府决策有重要影响，如1898年的禁酒问题和1942年的征兵问题都进行了全民公决。有些省也曾举行过全省全民公决，如纽芬兰-拉布拉多省在1949年依据全民公决的结果加入联邦，魁北克省数次依据全民公决的结果被继续留在联邦内。

## 第三节　政治参与：政党与利益集团

政党代表利益相关方致力担任某些政府机构公职，政党对政治生活有着很大的影响。普通加拿大人对政治并不十分敏感，也不太热心参与政治，他们只在公共政治侵犯到他们的个人生活时才会讨论政治。他们宁愿去野营也不愿就政府环境政策的功绩进行辩论，他们对税收的提案会更加关心，因为这种提案可能会直接增加他们的应缴税额。基本的生存环境可能只是一个抽象概念，而纳税额却是看得见摸得着的。因此，普通公民一般不会因希望改变党的政策而加入某个政党，这个任务就落到了那些因种种原因而积极参与政党政治的人身上。

加拿大实行自由竞争的多党制，加拿大主要政党的目的是赢得选举，从而为自己的利益集团谋取最大的利益。对一个政党来说，在竞选众议院议员的过程中，首先要确定选区的候选人。候选人在各选区的提名大会上产生，之后该党就围绕该候选人成立竞选委员会并开展竞选活动，以期获得选民的支持并帮助候选人成功当选。实际上，绝大多数议员都在各自的党组织内任职。在加拿大选举制度下，每一政党在同一选区中仅能提名一位候选人。一个政党在全国所获得的众议院席位总数就是它所赢得的选区数，而与其赢得的选票比例无关。因此，在全国范围来看，赢得众议院席位数最多的政党有可能不是得票率最高的政党，在很多情况下，执政党虽然在众议院所得席位过半，但在全国的得票率却不到一半。加拿大主要政党在两次大选之间几乎没有什么活动，大概一年也就两三次，而且不是政治活动而是社会活动。

加拿大总理通常是加拿大众议院席位最多的党派的领袖。如果执政党在众议院拥有半数以上席位，该党就可组成"多数政府"。相反，如果众议院的最大党的席位少于半数，该党只能组成"少数政府"。如2021年加拿大联邦大选中，贾斯廷·特鲁多领导的自由党在众议院中赢得158个席位，并未过半，居于第二位的保守党获得119个席位，魁北克集团34席、新民主党25席、绿党2席，其他政党未获得席位。自由党虽然领先，但是无法在总席位为338个的众议院中获得多数席位，因此只得与其他政党组成联合政府。

当政党赢得了对选举产生的职位的控制权时，它们就能够将其追随者安插到其他非选举产生的位置上，如参议院、司法机关、政府部门及相关委员会和机构。因选举获胜而产生的最重要的任命就是总理及内阁这些在政府决策中起着关键作用的职务。当然，执政党领袖不能只顾那些在选举中为他们立下汗马功劳的支持者，他们也不能忘记，他们执政必须对全体加拿大人负责，而不仅仅是对他们的支持者负责。通过选举走上执政道路的政党领袖一旦成为总理就能为其亲朋好友谋取利益，同时利用任命权来巩固自己的地位。总理所做的选择可以决定政党成员的政治生涯，而最重要的选择莫过于任命内阁成员。从理论上讲，总理可以指定任何一个众议院议员为内阁成员，但实际情况却要复杂得多。这种任命往往受到诸多方面的限制，如必须满足内阁成员的地区代表性，必须偿还政治人情债，还必须保证大的相关利益集团在内阁里有代言人。由于总理对政党成员的政治生涯有着生杀予夺的权力，所以在政党成员中有着巨大的影响力。

加拿大主要政党之间虽然意识形态有所不同，但都不会太激进，因为加拿大是一个由多民族组成的多元文化国家，太过激进的思想往往会导致利益的极端化，从而得不到大多数人的认可。这些主要政党倾向于"通过一种不引人注意的、微妙的、低调的实用主义维持其在联邦的权力。这种实用主义对每一个加拿大人都给一点点好处而不使加拿大社会产生分化"①。

加拿大政党制度的一个重要特点是，政党主要不是以阶级分野的意识形态来展开竞争。由于加拿大社会分层以地区和民族为主要特点，加拿大的两大政党——自由党和保守党——在实践中均将地区和民族的利益诉求作为主要关切。通过平衡地区利益和民族利益，结合最大多数选民的政治诉求，两党牢牢地控制着国家权力，在联邦层面上一直保持着轮流执政的局面。但从20世纪末开始，以新民主党为首的第三党异军突起，特别是在自由党或保守党组成少数政府时，第三党的平衡作用更加突显。新民主党通过反映一定的阶级或阶层诉求来平衡两大政党的政治主张。因此，从加拿大联邦议会长期由两大政党控制并由第三党发挥平衡作用的特点来看，加拿大的政党体制不能简单归为两党制或多党制，而是介于两党制和多党制之间，可以姑且称之为"两个半政党制"②。加拿大联邦层面的主要政党有自由党、保守党、新民主党、魁北克集团、绿党、共产党等。

## 一、自由党

加拿大自由党于1867年注册。自加拿大联邦成立以来，自由党在联邦政坛的影响力一直较大，在20世纪的大多数时间里，加拿大的政治由自由党主宰，因此自由党被称为"加拿大的天然执政党"③。该党信奉英国的自由主义原则，反对政府干预经济，反对保守党政府的关税保护政策，极力主张与美国进行自由贸易，支持同英联邦成员国的贸易协议，其竞选纲领是增税、资助教育、改善医疗。

## 二、保守党

加拿大保守党可追溯到1854年在加拿大成立的自由保守党，属右翼党派。加拿大保守党的政策比较传统，主张合理利用现行体制，提倡进步与实用相结合的原则，主张经济进步，反对政治改革，倾向于低税、重视人权、对犯罪采取强硬态度、反对同性婚姻、反对卖淫合法化。加拿大保守党主张政府出面调解社会

---

① 沃尔特·怀特、罗纳德·瓦根伯格、拉尔夫·纳尔逊：《加拿大政府与政治》，刘经美、张正国译，北京：北京大学出版社，2004年，第110页。
② 陈书笋：《加拿大选举制度研究》，北京：中国政法大学出版社，2013年，第115-116页。
③ 陈书笋：《加拿大选举制度研究》，北京：中国政法大学出版社，2013年，第112页。

矛盾，如推行社会福利政策，在交通、通信、银行等重要经济部门中实行国有化等。从积极的方面看，加拿大保守党讲求实际，避免意识形态的无谓之争，注重社会秩序与个人自由之间的平衡；从消极的角度看，它推崇的保守主义因循守旧、专制独裁，对加拿大种族和文化的多样性重视不够。

## 三、新民主党

加拿大新民主党可追溯到1883年工会、行会、农业协会等全国范围的大联合。1961年，平民合作联盟与加拿大劳工大会的部分成员合并，成立了新民主党。新民主党的宗旨是世俗化和多元化，政治纲领包括用更激进的方式保护人权，维护劳动者权益，扩大医疗、公交等社会服务和福利项目的支出等，对毒品和同性恋等问题采取比较包容的态度。新民主党的社会基础和政治纲领与自由党和保守党有着明显的不同，它的主要成员以劳动阶级为主，其中少数民族裔党员占1/3以上，工人和少数民族成员的比例明显高于其他政党。

由多个团体、社会中下阶层联合组成的新民主党属于左翼政党，在社会改革和进步事业中发挥了重要作用，许多社会福利制度，如劳动保护立法、医疗保健、社会保险、男女同工同酬、最低工资标准等都是它最先提出的。它在执政的省内发展民族经济，尤其在自然资源的开发利用和国有化方面采取许多具体措施。在对外政策上该党表现出更多的民族主义，尤其对美国的经济和文化在加拿大的影响表示反感和警惕。新民主党给加拿大政治带来了新风气，是活跃在加拿大政坛上的一支重要力量。自21世纪以来，加拿大新民主党在历次大选中的得票率和在众议院中所占席位数都呈现逐步增长的态势，这反映出近些年来该党在加拿大政坛上所发挥的作用越来越大。

## 四、魁北克集团

魁北克集团成立于1991年，主要在魁北克省内活动，在省外没有群众基础，但由于魁北克人口众多，所以该党在众议院中所占的席位也不少。该党的宗旨是与旧的联邦主义决裂，为魁北克的独立而努力。由于魁北克集团对魁北克本地文化的保护性政策赢得了当地占大多数的法语族裔的支持。该党在魁北克的支持率很高，在联邦议会和魁北克省政治中有很大的影响力。如在1993年大选中，魁北克集团初露锋芒，在联邦众议院中夺得54个席位，成为联邦议会的第二大党和正式的反对党，2021年联邦大选中魁北克集团获34席，为第三大党。

## 五、绿党

加拿大绿党于 1983 年成立。绿党是独立的政党,并不是世界性或地区性绿党的分支机构,尽管它与其他国家的绿党在思想观念上有许多相似之处。绿党的一个基本理念是地球上所有生命都是相互关联的,自然界应得到保护。加拿大绿党的社会政策是提倡绿色经济如生态农场,发展可再生能源,在对外政策上强调和平与可持续发展,并为实现这些目标而积极进军政界。该党的口号是:从全球考虑问题,从地方行动起来。该党的竞选纲领是保护环境、绿色发展、削减赤字。加拿大绿党不仅是一个政治团体,也是全球绿色运动的一部分,在加拿大各地和各界人士都有广泛的支持者,得到了加拿大政府及其他党派议员的支持。

## 六、共产党

加拿大共产党前身为美国共产党和美国统一共产党在加拿大的两个党组织,1921 年这两个党组织合并为加拿大共产党。该党主张首先建立民主的、反垄断的、反帝联盟的政府,然后过渡到社会主义。该党主要力量集中在安大略省,有党员一千多人,党报是《加拿大论坛报》,党刊为《共产主义观点》。该党在加拿大部分高校较为活跃,会定期组织一些诸如学习马克思经典著作之类的活动。

## 七、利益集团

加拿大人虽然希望对政府的政策施加对自己有利的影响,但并不是人人都有时间或兴趣参与政党政治或在政府机关中去谋求一官半职,更多的人是参加到属于某个有组织的有着共同处境的利益集团(或称压力集团),这些利益集团希望能对政府施加影响。各种因素催生了利益集团,如人口统计学因素(包括年龄、性别、种族、语言、宗教等)、社会经济学因素(职业、收入等)。在加拿大,由于经济因素对人们的生活起着决定性的作用,所以经济因素是建立强有力的利益集团的主要基础。在经济活动范围内,有许多不同类型的利益集团,包括制造业、工业、金融业、商业、农业,还有各种行业协会和工会。

一些大的利益集团形成联合会,对联邦政府和地方政府施加影响。为了争取公众的支持,这些利益集团还不断对公众灌输这样一种看法,即对该利益集团有益的事情必定也有利于国家和社会。利益集团通过各种方式进行游说,从而对政府的政策施加影响。有的利益集团组织专职的机构对政府进行游说,有的则是通过给一些个人或公司支付报酬,让他们代替自己开展游说活动。这些个人或公司负责人多数曾是政治圈内人士,有过政党或政府机构工作的经验,熟知政府的运作方式,可利用他们与政策决策者之间的个人关系为利益集团提供游说服务。

除这些利益集团外,加拿大还有许多代表不同民族、阶层、行业、政治立场的其他社会组织(团体),如加拿大人理事会、加拿大原住民委员会、妇女地位全国行动委员会、加拿大全国妇女联合会、加拿大全国工会联盟、加拿大工人大会、加拿大公务员联合会、加拿大童子军等。这些社会组织在某种程度上也是一种政治性党团组织。

## 第四节 政治关注:福利制度

加拿大是一个注重社会福利的国家,强调社会保障。加拿大社会保障制度的目标是"保证所有加拿大人拥有起码资源以满足他们的基本需求,享有基本的社会服务以保持他们的福祉"[①]。加拿大社会福利保障通常被理解为国家为公民建立的提供所需资源和终身服务的社会网络。

### 一、福利思想和福利制度

加拿大公民的一般价值观是自由、民主、平等、互助、权利、责任、公共目标等,加拿大按照自由主义福利体制设计社会保障制度。自由主义的预设是,市场是劳动力的最好保护机制,只要没有外力干扰,市场可以通过自我调节确保所有有工作意愿的人都能找到工作,市场也会保障他们获得应有的福利待遇。自由主义导向下福利体系设计基于以下四个原则[②]:一是严格审核享受社会保障待遇的资格。自由主义福利体系的非商品化程度很低,社会保障待遇的享受通常与缴费记录挂钩,不与以往就业记录、工作业绩或缴费记录挂钩的只是面向低收入人群的社会救助计划。二是注重社会保障待遇的替代水平。为了避免福利陷阱,社会保障待遇水平要求限定在社会平均收入水平之下的基本生活水平,这样就可以激励接受社会保障待遇的人尽快返回工作岗位。三是人群特定性与普遍享受性相结合。在自由主义福利国家,某些社会福利项目是专门为某些特定群体设计的,

---

[①] 姜芃:《加拿大文明》,北京:中国社会科学出版社,2001年,第347页。
[②] 王立剑:《加拿大社会保障制度》,北京:中国劳动社会保障出版社,2017年,第9-10页。

其他人群无法享受。四是多元参与性。在自由主义福利体制中，个人储蓄、商业保险、职业福利、社会保险、社会救助相结合，既强调个人责任，又注重政府和社会的参与。

加拿大社会保障具体事务主要由省和地区负责，联邦政府人力资源和开发部主要负责制定法案、统一各项社会保险计划、规定社会保障的基本标准和条件，具体事宜由各省和地区参照联邦政府制定的标准执行。

加拿大的社会保障体系包含三大类计划：健康保障计划、收入保障计划、社会服务计划。健康保障计划强调全体公民的公平、共享。收入保障按资金来源不同分为财政转移支付型和社会保险型两类。社会服务计划主要是面向社会特定弱势群体提供的维持基本生活和促进生计发展的非经济支持型服务。下面介绍一些加拿大最为主要的社会保障项目。

## 二、健康保障

加拿大实行全国性医疗保障计划，它保证每个加拿大人不论其收入状况如何，都能得到所需的医疗和护理。医疗保障计划主要由省和地区政府管辖，各省和地区负责管理和实施自己的医疗保健计划，包括医院和医生提供的各种医疗服务及辅助性服务。联邦政府制定全国性医疗保健标准，并为各省区医疗保障和服务计划提供资助。

所有符合条件的加拿大人均可享有广泛的医院和诊断服务。除精神病院、结核病院和寄养中心等护理性机构外，所有涉及普通疾病、急慢性疾病和康复医疗的医院服务，都不由患者直接支付费用，或由患者支付很少的费用。在一般情况下，加拿大居民可以到自己选择的医疗机构就医。凡属公共医疗保险项目，政府不规定最高限额，就医者也不必直接向医院或医生缴纳诊疗费。公共医疗保险项目主要包括所有住院治疗、必要的专科医生门诊、必要的医疗和诊断检查。每位公民所享有的医疗服务不取决于他的收入，个人交付费用的医疗体制由国家支付大部分费用的医疗体制取代。但是，公共医疗保险项目只包含必要的医疗费用，不包括非处方药品（如一般感冒药、退烧药、维生素等）、牙科保健、就业体检和加入保险前的体检、电话咨询、整容手术、假肢等。

加拿大华人很多，唐人街的中医诊所（包括针灸、按摩诊所等）也很多，主要中药尤其是补品都能买到。但中医目前还未得到加拿大医疗卫生部门的官方认可，不属于医疗保险范围，看中医仍需自费。鹿茸、虎骨、熊胆之类的中药与野生动物保护法颇有分歧,一些中药的某些成分尚难以鉴定,因此中医、中药如何适应加拿大医疗管理的规定仍值得探讨。

## 三、失业保险

失业保险(亦称"就业保险")指劳动者在失业期间由政府支付的收入津贴,是加拿大全国强制性的社会保险项目,是由政府建立的经济安全系统的重要组成部分。失业保险基金由劳动者、雇主和国家三方分担,雇主和劳动者向社会机构缴纳失业保险费。接受失业保险的人主要是普通失业职工,还包括因病不能就业者、因生育和抚育子女而离职者、就业不充分者和接受就业培训者等。但领取失业保险的最长连续时间是有限制的,申请者根据以前工作时间的长短和缴纳失业保险的多少,可以连续领取14~70周,领取额度一般是其此前平均收入的55%左右。联邦政府还向因季节歇业的自雇渔民发放特别救济金。

## 四、老年保障

加拿大人不分男女年满65岁可以退休,但不是必须退休,只要雇主和雇员双方愿意,雇员可以继续工作。退休后的收入保障包括下面几个部分:(1)退休养老金(公共性质);(2)老年保障金(公共性质);(3)老年收入补贴(公共性质);(4)各种辅助性和补充性的私人养老金计划。

退休养老金。加拿大实行全国统一的退休养老金保险计划。加拿大雇主和雇员必须参加强制性的养老保险计划,以保证足够的老年退休金收入。实施加拿大养老金计划的资金来自雇员和雇主所缴纳的保险费以及国家所投基金。

老年保障金。老年保障金属于福利性的收入保障项目,主要是给予中低收入的老年人。老年保障金计划的资金来自加拿大政府基本税收。

老年收入补贴。老年收入补贴的补助对象是除领取老年保障金外没有或只有很少其他收入来源(如退休金、利息、红利、租金、工资或职工赔偿金等)的低收入老人。

私人养老金计划。私人养老金计划是指雇主发起的养老金计划(由雇主和雇员分担其基金)和个人退休储蓄计划(个体劳动者自行负责)。私人养老金计划是公共养老金计划的重要补充,但并不是所有雇主都会实施该计划。个人退休储蓄计划由金融机构管理,存到个人退休储蓄计划账户中的钱可以免税,但参加个人退休储蓄计划的大都是中上层富有者,而普通加拿大人的消费观念和收入水平使他们没条件考虑将剩余收入作为个人退休储蓄。

## 五、儿童福利

加拿大向有未成年人的低收入家庭发放儿童返税金（俗称"牛奶费"）。凡是有 18 岁以下儿童的父母或监护人都可以领取，具体数额根据家庭收入和居住地区有所差别。

## 六、其他保障与福利

针对特殊人群，加拿大设立了有针对性的保障措施与福利项目。

加拿大救济计划。这是加拿大全民性的保障，为社会最低收入者提供基本生活保障。凡年龄在 18~64 岁的加拿大公民，没有工作能力、没有收入来源且个人财产不超过一定标准的，都可以申请。因地区经济差异，各地的救济金数额不等。

退伍军人福利。加拿大联邦政府退伍军人部通过其直属或附属机构和设在各地区的办公机构负责退伍军人、军队文职人员及其家庭的福利保障，尤其是为在战争中牺牲、致残和幸存者及其家庭提供福利，以肯定他们对国家荣誉和利益所付出的牺牲。

原住民福利。原住民是加拿大社会一个特殊的弱势群体，他们除了同其他加拿大人一样享有普遍性福利保障外，还接受联邦、省或地区政府的一些特殊资助与服务。如联邦政府印第安人事务部的社会补助计划为原住民提供基本的家庭生活必需品（如食品、衣服、住所和燃料），政府部门为偏远地区的原住民提供个性化的服务（如通过政府的"空中救护车系统"为北方边远地区的因纽特人提供包租飞机医疗服务）。

移民福利。加拿大是当今世界主要的移民接收国之一。由于加拿大主要收入保障项目对就业和居住年限都有资格规定，外来移民享有的福利保障总体上达不到加拿大公民的水平。移民到加拿大后可到政府移民办事机构办理社会保险号，正式纳入政府的就业和收入保障管理。移民在递交医疗保健卡申请 3 个月后，开始享有公共医疗保健。移民家庭中 18 岁以下子女享有儿童返税金。低收入的劳动家庭可申请家庭补贴、幼儿入托补贴。对于新移民来说，享受到的较为优厚的福利是教育培训，包括免费英语课程、职业培训补贴、未成年子女大学费用储蓄补贴等。根据政府签署的难民计划来加拿大的难民，在抵达后由政府提供短期免费住房、免费医疗保险、最优先得到政府移民机构的专项经济救助。在新移民集中的城镇，设有移民安置机构，用多种语言提供就业、住房和英语培训等信息咨询。

残疾人福利。残疾人面临的最大困难是就业困难。政府通过不同的培训计划扩大残疾人就业服务，还在公共设施中设置方便残疾人活动的无障碍设施。

国际福利。加拿大还积极参与国际保健和福利事务，参加了世界卫生组织、泛美卫生组织、国际劳工组织、国际社会保险协会、经济合作与发展组织、联合国等机构开展的国际性福利计划，并与一些国家签订双边保障协定，保证居住在这些国家的加拿大人能够享受到加拿大老年保障。

## 七、社会福利性服务

在加拿大，社会保障和社会福利性服务之间形成不同的系列，各自发挥不同的功能。社会保障主要由各级政府承担，通过不同的社会保障项目（如健康保障、失业保险、老年保障、儿童返税金、各省市的社会救助金等）直接向个人或家庭提供货币型补助。社会福利性服务则侧重解决个人具体的生活和情感需要，提供各种物质性和劳动型的服务，如由政府或私人团体开办的安置性公寓、寄养中心、日托中心，以及家政料理、家庭供餐、咨询等服务。当家庭人力和物质资源出现缺乏时，以前经常由教会、私人慈善团体和工厂协会对困难家庭提供帮助。但随着工业化、城市化的发展，人口向城市集中，住房和日常生活方面的需要扩大，政府原先通过补助教会和私人慈善团体提供社会福利性服务，后来逐渐转变为政府直接参与管理，加大各项投入，并逐步承担了社会服务的主要责任。

社会福利性服务的主要对象是有儿童的家庭、老年人、体智残疾者等。这些服务有其特定的内容和方式，如向老弱病残居民提供全日照顾，对家庭负担重的妇女（尤其是单身母亲）提供物质和精神支持，保护处于危险中的弱势者（如得不到照顾和受虐待的儿童），建立寄养公寓或通过领养方式抚育得不到父母关怀的少年儿童，对有心理问题的儿童给予心理咨询服务，通过心理健康中心对精神性疾病患者进行经常性、长期性医疗康复等。

## 本章小结

本章从加拿大的政治制度、政治分权、政治参与、政治关注等方面考察了加拿大的政治文化。加拿大的政治制度最为核心的是联邦制及议会制。加拿大的联邦制是关于中央政府与地方政府如何分权的，议会制是关于加拿大政府的权力运行如何进行的。加拿大议会分为众议院和参议院，发挥实质性作用的是经选举产生的众议院，而不是经任命产生的参议院。加拿大并非实行典型的三权分立制，其众议院体现了加拿大立法权和行政权的高度结合，立法权由众议院负责，行政权也由众议院产生的总理和内阁负责。加拿大司法权相对独立，不从属于立法机构和行政机构。加拿大各政党在政坛上发挥着重要作用，各政党是选举活动中的主要角色，但为了迎合绝大多数选民的诉求，各主要政党的政治理念均倾向于中庸，并无太偏激的思想。加拿大福利制度较为完备，是世界上福利较好的国家之一。

**思考题**

1. 加拿大的议会制、联邦制与英美的政治制度有哪些相同之处和不同之处？

2. 加拿大的选举制度在哪些方面并不能完全代表民意？中国的人民代表大会制度为什么能代表广大人民群众？

3. 加拿大的政党制度有哪些特点？中国共产党领导的多党合作和政治协商制度在哪些方面比加拿大的政党制度更有优势？

4. 利益集团是如何影响加拿大政治的？

5. 自由主义导向下的加拿大福利制度在保障公民福利方面有哪些需要完善的地方？

**本章推荐阅读**

1. Jackson, Robert J. & Doreen Jackson. *Politics in Canada*. Scarborough, Ontario: Prentice-Hall Canada Inc., 1990.

2. 陈书笋：《加拿大选举制度研究》，北京：中国政法大学出版社，2013年。

3. 姜芃：《加拿大文明》，北京：中国社会科学出版社，2001年。

4. 刘军：《列国志·加拿大》，北京：社会科学文献出版社，2010年。

5. 刘尧、李慧敏：《英语国家概况——爱尔兰、新西兰、加拿大和澳大利亚》，重庆：重庆大学出版社，2017年。

6. 钱皓：《国际政治中的中等国家：加拿大》，上海：上海人民出版社，

2020年。

7. 托马斯·帕特森：《美国政治文化》，顾肃、吕建高译，北京：东方出版社，2007年。

8. 王立剑：《加拿大社会保障制度》，北京：中国劳动社会保障出版社，2017年。

9. 王立军：《走进加拿大》，北京：社会科学文献出版社，2012年。

10. 王小平：《加拿大概况》，兰州：甘肃人民出版社，2010年。

11. 王助：《魁北克省与法国50年直接特殊关系》，载仲伟合主编《加拿大内政与外交研究》，广州：世界图书出版广东有限公司，2014年。

12. 沃尔特·怀特、罗纳德·瓦根伯格、拉尔夫·纳尔逊：《加拿大政府与政治》，刘经美、张正国译，北京：北京大学出版社，2004年。

13. 周少青：《民族政治学：加拿大的族裔问题及其治理研究》，北京：中国社会科学出版社，2017年。

# 第四章　加拿大经济

加拿大是高度发达的资本主义国家，优越的地理位置和丰富的自然资源，使其成为世界工业大国，是"西方七大工业国"之一。加拿大的制造业、高科技产业和服务业发达，资源工业、初级制造业和农业是国民经济的重要支柱。加拿大以贸易立国，吸引了大量外来投资，同时也造成了对外贸的严重依赖，经济上受美国影响尤深。

## 第一节　加拿大经济简史

加拿大的经济发展史就是一部争取独立的历史，欧洲的对外侵略扩张拉开了加拿大经济发展的序幕。16 世纪后，加拿大先后沦为法、英殖民地，这一时期加拿大的经济实现了由农业经济到商业经济的过渡发展；18 世纪中后期，加拿大爆发独立运动，1867 年成为英国自治领，削弱了经济上对英国的依赖；19 世纪60 年代，英属北美各殖民地开始了工业革命，为了满足经济快速发展的需求，加之天然的地理位置优势，加拿大开始转向对美国市场的依赖。两次世界大战后，美国进一步加大了对加拿大的资本输出和商品输出，形成加拿大经济高度依赖美国的局面，加拿大也步入了"西方七大工业国"的行列。

### 一、殖民地经济

由于毛皮贸易利润丰厚，新法兰西殖民时期至之后的英国殖民地时期，毛皮贸易一直是加拿大最重要的产业。这一时期建立起了由南部、西部构成的贸易站，进一步促进了毛皮贸易的发展，使得蒙特利尔成为整个欧洲最大的毛皮供应地之一。这一时期的农业经济发展缓慢，17 世纪60 年代，随着蒙特利尔、三河镇和魁北克城（Quebec City）沿河北岸庄园的建成，殖民地开始出现一批农业部门,但这一时期的农业经济主要还是以维持生存的农耕农业为主,农作物以小麦为主,还有玉米、燕麦、大麦、烟草等。1663年,法国国王路易十四取消新法兰西公司的特许状,新法兰西殖民地成为法国国王直接管辖下的一个行省,在新法兰西行省殖民地时期,出现了早期的木材加工业、铸造业、造船业等手工业部门。其中,1730年在三河镇建立的圣莫里斯(Saint-Maurice)铸铁厂是加拿大历史最悠久的工厂之一。18世纪初,随着新法兰西经济的发展,以及与欧洲、美洲等殖民地商业交往的增多,魁北克、蒙特利尔和路易斯堡(Louisburg)逐渐发展为商业城镇。英国殖民地时期:1756年至1763年,英、法在加拿大爆发"七年战争",法国战败,1763年签订的《巴黎和约》使新法兰西殖民地转属英国,加拿大成为英国的殖民地。英国接管加拿大初期,毛皮贸易和渔业贸易(特别是鳕鱼贸易)仍是最重要的经济部门,这一时期毛皮贸易站的哈得孙湾公司(the Hudson's Bay Company)至今仍是加拿大最大的百货公司之一,但由于毛皮贸易价格竞争,加之其资源快速消耗,毛皮贸易市场萎缩。加拿大丰富的林木资源为英国提供了大量的木材产品,优质的林木和多样的品类使得木材成为英国从殖民地进口的主要产品之一,约占其进口货物总量的三分之一。木材贸易的发展促进了相关产业的发展,如木材采伐、木材加工及包装、木材运输等。19世纪上半叶,新的贸易体系开始形成:上、下加拿大省居民主要从事农业生产和森林砍伐,木材、小麦和面粉是其主要出口商品;大西洋沿岸各省主要出口木材,发展造船业和渔业。这一时期加拿大的交通仍以水上交通为主,并在1825年修建了圣劳伦斯河(the Saint Lawrence River)的第一条运河——拉希纳运河(Lachine Canal)。

## 二、工业革命时期的经济发展

受地理环境影响,交通运输成为加拿大经济发展的关键,因此加拿大的交通运输革命早于工业革命。1853年竣工的圣劳伦斯-大西洋铁路成为英资大干线铁路(Grand Trunk Railway)的东线,19世纪50年代修建连接尼亚加拉河(the Niagara River)与美国底特律(Detroit)的大西铁路后,铁路运输业成为新兴的工业部门,推动了殖民地的工业革命。19世纪60年代,英属北美殖民地开始了工业革命,加拿大的工业革命晚于欧洲,且从经济结构以农业、商业为基础到以工业为基础的进程较为缓慢,造船业、木材加工业、谷物加工业和面粉加工业是这一时期的主要制造业部门。1849年英国宣布取消《航海条例》(Navigation

Acts），英属北美各个殖民地之间签订互惠条约（Reciprocal Treaty of 1854），实行省与省之间天然产品自由贸易，"这标志着圣劳伦斯河与大西洋之间加拿大内部市场的初步形成"[①]。1867年7月1日，魁北克省、安大略省、新斯科舍省和新不伦瑞克省根据《英属北美法案》联合组成统一的联邦国家，定名为加拿大自治领，成为英国最早的自治领，加之1854年的互惠条约，削弱了加拿大经济对英国的依赖。加拿大开始转向对美国市场的依赖。在加拿大第一任总理约翰·亚历山大·麦克唐纳任职期间，加拿大经济出现了一个极度繁荣时期。麦克唐纳政府为发展经济，大力组织向西部移民，开发西部，1872年至1881年修建了横贯大陆的加拿大太平洋铁路，并实行保护关税政策，这一系列举措进一步促进了加拿大经济的繁荣和发展。1858年在弗雷泽河（the Fraser River）沿岸和1896年在育空河支流克朗代克（Klondike）出现了两次淘金热，发现了镍、银、镭等金属矿。这些矿产资源的发现及开采使得加拿大成为世界上主要的矿产国之一。

## 三、战后的经济发展

第一次世界大战前，自由党领袖威尔弗里德·劳雷尔（Wilfrid Laurier）执政时期实行保护加拿大民族工业、继续向西部移民、增建横贯大陆的铁路干线等国家政策。这些政策使得西部人口剧增，西部草原区成为世界最大的谷仓之一，农业和制造业产值成倍增长，加拿大进入经济繁荣时期。这一时期以铁路为主的全国交通运输网开始形成，铁路沿线出现了一批新城市，其中蒙特利尔和多伦多成为全国经济文化的中心。1914年7月28日，第一次世界大战爆发，加拿大在英国之后对德宣战。战争期间，加拿大先后投入了近60万兵力，承担了大量的军需物资供应任务。战争结束后，加拿大国内经济衰退，通货膨胀严重，工人迫切要求改善劳动和生活条件，于1919年爆发了温尼伯大罢工。1921年，自由党领袖威廉·莱昂·麦肯齐·金（William Lyon Mackenzie King）执政，金任期内致力争取加拿大完全的自主权，并加强与美国的友好关系，这一时期的加拿大社会经济经历了一个繁荣发展期，农业进入机械化阶段，美国在加拿大的投资迅速增长，加拿大与美国的经济往来日益密切。

1939年9月1日，第二次世界大战爆发，9月9日加拿大对德宣战。战争期间，加拿大动员兵力约100万人，并向英国提供财政资金，生产大量武器和军

---

[①] 李节传：《加拿大通史》（修订本），上海：上海社会科学院出版社，2018年，第200页。

备,向英联邦成员国和其他参战国提供军事物资。1940年8月,美国总统与加拿大总理在奥格登斯堡(Ogdensburg)达成协议,宣布成立加美联合防务常设委员会。1941年4月,两国为了最大限度生产军工产品决定互相提供资源。两次世界大战大大地削弱了加拿大同英国的联系,使得加拿大与美国的关系进一步加强。战后加拿大政府加大干预力度,如实行失业保险、政府承担出口保险、鼓励企业外销产品等,加快工业复苏,进一步恢复国民经济。1949年4月4日,加拿大参加了北大西洋公约组织,1958年与美国签订了北美防空协定,美国对加拿大的资本输出和商品输出进一步扩大,形成加拿大经济高度依赖美国的局面。

第二次世界大战后,加拿大也加快了资源开发的脚步。20世纪50年代,先后在艾伯塔省、萨斯喀彻温省和不列颠哥伦比亚省发现了油田,并在安大略和萨斯喀彻温两省北部发现储藏丰富的铀矿。大批水电工程的实施,如在哥伦比亚河(the Columbia River)、皮斯河(the Peace River)、纳尔逊河(the Nelson River)、渥太华河(the Ottawa River)上先后建设的水电工程,使得加拿大的水力发电量大规模增长,这些资源的开发都促进了加拿大自然资源相关行业的发展。20世纪60年代以来,加拿大人民反对外资控制,维护民族独立,加速发展本国经济。1970年,在资本主义世界中,加拿大按人口平均计算的国内生产总值(GDP)居第3位。1976年以来,加拿大参加了西方主要资本主义国家举行的经济首脑会议,成为西方七大国之一。

## 第二节 自然资源

加拿大地域辽阔,森林和矿产资源丰富,境内约89万平方公里为淡水覆盖,可持续性淡水资源占世界的7%。丰富的自然资源是加拿大经济发展中不可忽略的基础,以资源加工型产业为依托,加拿大一直稳居"全球十大经济体GDP"行列。丰富的自然资源也造就了加拿大发达的农牧业和水产业体系,使其成为全球第四大粮食出口国。

### 一、土地资源

加拿大东临大西洋,西濒太平洋,西北部邻美国阿拉斯加州,南接美国本土,北靠北冰洋,国土面积998万平方公里,仅次于俄罗斯,居世界第二位,其中陆地面积909.4万平方公里,淡水覆盖面积89.1万平方公里。加拿大东起纽芬兰斯皮尔角（Cape Spear），西到美国阿拉斯加州和加拿大边界，直线距离约5 360公里。陆地的最南点是伊利湖上的米德尔顿岛（Middleton Island），最北点是埃尔斯米尔岛（Ellesmere Island）上的哥伦比亚角（Cape Columbin），直线距离为4 640公里。全国地貌呈西高东低状，类型多姿多彩，有巍峨的高山、雄浑的高原、宽广的平原、富饶的谷地、低洼的湖泊、丰盈的河流、众多的岛屿。

广袤的国土为加拿大带来了丰富的土地资源，加拿大可耕地面积约占国土面积的16%，其中已耕地面积约6 800万公顷，占国土面积的7.4%。中部平原面积广大，地势平坦，多黑钙土和栗钙土，水源丰富，牧草肥美，极适宜发展农牧业。五大湖沿岸平原和圣劳伦斯河谷及其沿岸多冲积土，灌溉条件好，而且气候较温暖，也是发展农牧业的合适地区。其中安大略湖南岸的尼亚加拉半岛（Niagara Peninsula）地区，为加拿大提供了占总量三分之一的农产品、奶制品和水果；大西洋四省沿海平原生产小麦，爱德华王子岛是加拿大著名的马铃薯产地；加拿大草原三省生产小麦，是加拿大的谷仓和"世界面包篮子"，20世纪50年代末60年代初，中国依靠进口加拿大小麦度过了三年困难时期，由此启动了中加粮食贸易。

加拿大的农牧业机械化程度高，农牧业从业人数28万，占全国劳动人口的1.5%，主要农产品有小麦、大麦、油菜籽、菜籽油、亚麻籽、燕麦等。加拿大各省生产的农产品情况如下：不列颠哥伦比亚省主产水果、蔬菜和花卉，草原三省主产红肉类和谷物，安大略省和魁北克省主产红肉类和乳制品，大西洋四省（新不伦瑞克省、新斯科舍省、纽芬兰-拉布拉多省和爱德华王子岛省）主产马铃薯和乳制品。加拿大是全球农产品出口大国，国内仅消费该国农产品的二分之一，其余全部用于出口。

## 二、矿产资源

加拿大矿产资源丰富，其中钾储量为42亿吨，居世界第一，约占全球储量的23.3%。加拿大钾矿资源品位高，地质条件简单，易于开采，其中萨斯喀彻温省钾矿总产量约为2 000万吨/年，占世界总产能的三分之一，是全球最大的钾肥生产基地，其储量、产量和出口量均居世界第一，是"世界钾矿之都"；加拿大钨储量为29万吨，居世界第二，约占全球储量的9.35%；铀储量为51万吨，居世界第三，约占全球储量的9%，加拿大铀矿主要分布在萨斯喀彻温省、安大略省和育空地区。加拿大在核能领域有超过60年的发展经验，涉及领域有铀矿开采、核电站设计、施工运营、废料管理和治理等，使其成为核能大国，加拿大约 15% 的电力由核能生产。加拿大是世界第四大天然气生产国，已探明的天然气储量为 2.18 万亿立方米。

丰富的矿产资源使加拿大成为世界上主要的矿产品生产和出口国之一，矿产值仅次于美国和俄罗斯，居世界第三。加拿大开采的矿产有 60 余种，其中产量占世界前三的有钾、铀、钨、镉。在原油储量方面，加拿大仅次于委内瑞拉（Venezuela）和沙特（Kingdom of Saudi Arabia），居世界第三，其中 97% 以油砂形式存在。已探明的油砂原油储量为 1 732 亿桶，占全球探明油砂储量的 81%。

2020 年，加拿大的矿产总产值近 440 亿美元，国内矿产和金属产品出口额达 1 030 亿美元，占加拿大商品出口总额的 21%。加拿大是许多矿物的全球领先生产国，包括用于先进电池技术的矿物，如石墨、镍。2020 年，加拿大投资 21 亿美元用于矿产勘探，其中贵金属（主要是黄金）占投资支出的 65%。

加拿大勘探与开发者协会（The Prospectors and Developers Association of Canada，简称 PDAC）年会是迄今世界上最成熟、参会人数最多和最重要的商业性国际矿业大会，每年 3 月在多伦多举办。目前，该协会拥有 5 000 个个人会员及 200 个公司会员。2018 年，在第 86 届加拿大勘探与开发者协会年会上，加拿大中国商会和中国矿业联合会共同举办了"2018 中国矿业投资论坛"；2022 年，加拿大勘探与开发者协会年会首次以现场和线上两种形式举办。

## 三、林木资源

加拿大地域辽阔，森林和其他树木覆盖土地总面积 4.14 亿多公顷（居世界第三，仅次于俄罗斯和巴西），森林面积 3.47 亿公顷，其中，生产林约 2.45 亿公顷。加拿大的森林以亚寒带针叶林为主，约占森林总面积的 67%，阔叶林约占 15%，混交林约占 18%。全国木材蓄积量为 470 亿立方米，其中森林木材蓄积量为 247 亿立方米，针叶林蓄积量为 193 亿立方米，阔叶林蓄积量为 54 亿立方米。加拿大全国每年砍伐量约为 1.5 亿立方米，占木材总蓄积量的 0.3%。

加拿大全国共分为 8 个林区：北方林区、大湖－圣劳伦斯林区、亚高山林区、山地林区、沿海林区、阿克迪阿林区、哥伦比亚林区和落叶树林区，其中北方林区是全国最大的林区，跨越 7 个省和地区，约占全国森林总面积的 82%，大于其他 7 个林区面积的总和；大湖－圣劳伦斯林区是加拿大第二大林区，约占全国森林面积的 6.5%。

加拿大拥有世界上9%的森林，4亿多公顷的森林占陆地面积的约一半，丰富的林木资源为加拿大发展相关产业提供了有利条件。加拿大的森林经营以市场为导向，采取"所有权公有、经营权招投标"的管理模式，联邦和各省林务局筹集资金，向社会发布造林、采伐和木材加工的条件。林业在加拿大国民经济中占有重要地位，如实木产品制造业、造纸业、木材加工、伐木业等，林业产品分类主要包括软木料和硬木料、木基板材、工程木产品、细木工建材、木工制品和其他增值木产品（不包括工程木产品）。加拿大林业产品主要面向海外市场，是世界上最大的林业产品出口国，约占世界林业贸易的16%，主要出口产品有软木材、新闻纸、纸浆、木板等，其中软木产量居世界第二位，占全球总产量的18.7%，出口占世界总出口量的36.6%；新闻纸和纸浆的出口量位居世界第一，分别占世界总出口量的45%和29%。[1]

## 四、水资源

加拿大三面环海（北冰洋、大西洋和太平洋），拥有世界最长的海岸线，全长约24万公里；加拿大领土面积中有89万平方公里为淡水覆盖，可持续性淡水资源占世界的7%。加拿大全国平均年降雨量为790毫米，降雪量为340厘米，人均年降水占有量为34.4万立方米，居世界第一位，是世界人均年降雨量的12倍多。[2]

丰富的淡水资源造就了加拿大发达的水产业，使得加拿大成为世界上鱼类及海鲜类主要的生产供应国之一，每年产值超过40亿美元以上，就业人口超过12万人。加拿大的水产来源主要来自3大渔场：大西洋渔场、太平洋渔场及淡水养殖渔场。其中大西洋渔业占渔业总量的76%，主要产品有龙虾、螃蟹、虾、扇贝等；太平洋渔业占总量的20%，主要产品有鲑鱼、蛤、底层鱼类等；淡水养殖渔业占总量的4%，主要产品有梭鱼、黄鲈、湖鳟鱼等。加拿大85%的水产品用于出口，是世界第七大渔产品出口国，其中63%销往美国。同时，中国目前已超越欧盟成为加拿大海产品的第二大出口市场。

加拿大河流众多，主要河流有圣劳伦斯河、马更些河（the Mackenzie

---

[1] 数据来源：中华人民共和国驻加拿大使馆经济商务处 http://ca.mofcom.gov.cn/article/ddgk/zwjingji/201905/20190502868083.shtml.

[2] 数据来源：中华人民共和国外交部 https://www.fmprc.gov.cn/web/gjhdq_676201/gj_676203/bmz_679954/1206_680426/1206x0_680428/.

River)、育空河、哥伦比亚河、纳尔逊河和渥太华河等，其中，马更些河是加拿大第一长河，全长4 241公里；圣劳伦斯河为五大湖和大西洋之间的航运通道，全长1 287公里，为加拿大径流量最大的河流。加拿大境内河流水量大而稳定，蕴藏着巨大的水力资源，加拿大全国发电量的70%以上是水电，人均发电量居世界前列，其中水力资源最多的魁北克省和不列颠哥伦比亚省，分别拥有可开发水力资源6 812万千瓦和2 735万千瓦，各占全国的41.7%和16.8%，分别已建水电3 258万千瓦和1 157万千瓦，水电比重分别达93%和86%。加拿大在水资源开发、利用、保护和管理等方面处于世界先进水平，注重水量分配和水质保护。

## 第三节　国民经济

加拿大是世界工业大国，能源资源行业、制造业、农业、金融保险业、专业技术服务业是加拿大国民经济的支柱产业，自然资源及相关行业对国内生产总值的贡献率保持在13%~15%。加拿大高科技产业发达，在核能、水电、通信、航天、环保、交通、石化、地球物理勘探、生物工程、医学、造纸、客运车辆和小型客机制造等方面拥有先进的技术和设备。同时，加拿大也是北约、联合国、法语圈国际组织、世界贸易组织等国际组织的成员。

### 一、概况

加拿大是高度发达的资本主义国家，支持多边贸易体制和经济全球化，制造业和高科技产业发达，资源工业、初级制造业和农业为国民经济的主要支柱，加拿大以贸易立国，对外贸依赖较大，经济上受美国影响较深。受新冠疫情影响，加拿大目前的经济发展仍低于大流行前的水平，各行业的复苏不均衡。根据世界银行公布的数据，加拿大2022年国内生产总值为2.17万亿加元，人均国内生产总值为5.4万加元，国内生产总值增长率为3.4%，失业率为5.0%。

根据加拿大统计局2023年10月31日公布的数据，加拿大经济在2023年8月份国内生产总值增长率连续第二个月基本保持不变。其中，20个产业部门中有8个实现环比增长，批发贸易部门实现4个月内第三次增长，采矿、采石和石油天然气开采连续第三个月增长，交通运输业和仓储业环比增长0.8%。

## 二、贸易发展

加拿大以贸易立国，对外贸的依赖较大，经济上受美国影响较深。2022 年，加拿大商品出口总额为 7 770 亿加元，商品进口总额为 7 390 亿加元。其中，对美出口占加拿大商品出口的 77%，对华出口占加拿大商品出口的 3.7%；自美进口占加拿大商品进口的 49%，自华进口占加拿大商品进口的 13%。2022 年，加拿大对外投资存量为 19 896 亿加元，同比增长 11.2%。[①]

从加拿大商品进出口总体结构来看，加拿大是一个工业品进出口大国。加拿大主要出口商品为原油、黄金、客用机动车及零部件、木材及木浆、天然气、油菜籽、医疗用品、钾肥、成品油、铁矿石等；主要进口商品为客用机动车、黄金、原油、皮卡、医疗用品、轻油、数据处理设备、电话机、机动车零部件、数字通信设备等，其中机械设备、汽车及其零部件、工业产品及原材料占加拿大进出口商品总额的 60% 以上。[②]

加拿大政府奉行自由贸易政策，贸易和投资体制透明度与市场开放度均较高。加拿大贸易政策目标是，确保加拿大的外交贸易政策如实反映加拿大价值观和国家利益；加强以原则为基础的贸易安排，拓展双边、区域和全球领域的自由、公正市场准入；创造经济机会，加强国家和公民安全。加拿大是世界贸易组织（WTO）和亚太经济合作组织（APEC）的重要成员；与美国和墨西哥签署的《北美自由贸易协定》（NAFTA）于 1994 年 1 月 1 日生效（2018 年 11 月 30 日，美国、墨西哥、加拿大三国领导人在阿根廷首都布宜诺斯艾利斯签署《美国－墨西哥－加拿大协定》（USMCA），替代《北美自由贸易协定》）；与瑞士、挪威、冰岛、列支敦士登四国签署的欧洲自由贸易协定也于 2009 年 7 月 1 日生效；2017 年 2 月 15 日，在加拿大和欧盟的共同努力下，欧洲议会在法国斯特拉斯堡（Strasbourg）表决通过了欧盟－加拿大综合经济与贸易协定（CETA），该协定于 2017 年 9 月生效。加拿大还积极参与了跨太平洋伙伴关系协定（TPP），在美国时任总统特朗普宣布退出该协定后，包括加拿大在内的其他 11 个参与国在智利签署了不包括美国的新版跨太平洋伙伴关系协定；此外，加拿大还与加勒比共同体、危地马拉、尼加拉瓜和萨尔多瓦三国等开展自贸协定谈判，与南方共同市场

---

① 数据来源：加拿大数据统计局 https://www.statcan.gc.ca/.
② 同上。

（MERCOSUR）的自贸协定也处于探索性接触阶段。加拿大是全球自由贸易的积极倡导者，为吸引外来投资，并为本国企业开展国际贸易提供便利和支持，加拿大联邦政府出台了包括对外贸易区（Foreign Trade Zone，FTZ）在内的一系列促进措施。为扩大对外贸易，加拿大政府制订了出口市场开发计划，向加拿大公司在国外寻求新的出口市场提供财务支持。这一计划促进了加拿大公司国外市场业务的发展，并通过政府分担方式，减少了这些贸易活动的财务风险。

## 三、对外贸易关系

双边领域方面，加拿大已与美国、以色列、智利、哥斯达黎加、秘鲁、哥伦比亚、约旦、巴拿马、洪都拉斯、韩国、乌克兰这11个国家先后签署自贸协定；与多米尼加共和国、印度、日本、摩洛哥、新加坡的自贸协定正在谈判过程中；与中国、土耳其、菲律宾、泰国则开展了自贸协定探索性研究。2020年，加拿大出口前五的国家分别是美国、中国、英国、日本、德国，贸易额分别是3 833亿、252亿、199亿、124亿、64亿加元。其中出口到美国3 833亿加元，占其出口额的73.37%。进口主要来源国前五的是美国、中国、墨西哥、德国、日本，进口额分别是2 644亿、765亿、299亿、173亿、135亿加元。美国是加拿大第一进口国，占其进口额的48.8%。加拿大对美国市场高度依赖，中国是加拿大第二大贸易伙伴、第二大进口来源国和第二大出口市场，均仅次于美国。

中加两国正式的贸易关系始于1961年中加两国签订的小麦贸易协定。1973年中加签订政府间的贸易协定，奠定了两国贸易关系的基础，此后双边关系长足发展，贸易规模迅速扩大，总体上保持了稳定的发展趋势。2020年，中加经贸克服了新冠疫情带来的不利影响，实现了逆势增长。当年，加拿大货物出口同比下降11.8%，而对华出口同比增长8.1%。2022年，加拿大对华市场的进口需求远大于出口需求，其中对华出口占加拿大商品出口的3.7%，而自华进口则占加拿大商品进口的13%。

## 四、货币管理

加拿大的货币单位是加元（Canadian Dollar，符号C$）。加元为可自由兑换货币。在加拿大的任何金融机构、兑换点，加元与美元、欧元等国际主要货币可随时相互兑换。加拿大中央银行拥有唯一的钞票发行权；联邦政府则拥有唯一的硬币发行权，政府通过加拿大皇家铸币厂发行硬币。目前市面上流通的加拿大货币为：硬币（五分、十分、二十五分、一元和二元），纸币（五元、十元、二十元、五十元和一百元）。加拿大一分币从2013年2月4日起逐步停用。2015年3月23日，北美首个人民币清算中心在多伦多开业，由中国工商银行（加拿大）承担清算职能。从1991年开始，加拿大实行通货膨胀目标制的货币政策，其目标是通过较低和稳定的通货膨胀率提升加拿大人民的生活水平。具体而言，加拿大银行力图将通货膨胀率维持在与政府联合确定的目标区间内。1995年以来，这一目标区间一直保持在1%～3%。2021年，加拿大央行与该国财政部联合发布声明，更新未来五年内的货币政策框架，其中新增"最大化可持续就业"为央行职责。最新的货币政策框架还赋予加拿大央行运用通胀控制区间的灵活性，即为了实现就业目标，可以容忍消费价格指数（CPI）通胀在一段时间内最高上冲至3%的区间上限，并在某些情况下更长时间地保持低利率。加拿大政府也与中央银行共同行动，以实现通胀目标和促进最大化可持续就业，并强化或修改金融监管，应对更长时期低利率环境中容易出现的金融失衡问题。

加拿大没有专门的外汇管理机构，也没有外汇管制。在加拿大注册的外国企业可以在当地银行开设外汇账户，用于进出口结算。外汇的进出一般无须申报，也无须缴纳特别税金。加拿大海关规定，携带现金出入境需要申报，每人最多可携带相当于1万加元的外币入境。在加拿大工作的外国人，其合法税后收入可全部汇出国外。

## 五、金融体系

加拿大的金融体系主要由国家金融机构、商业银行和其他金融机构三类组成。加拿大的银行体系被认为是世界上最稳健的银行体系之一。整个金融体系以中央银行即加拿大银行为核心，由特许银行及非银行金融机构、信托公司、抵押公司、保险公司、证券公司、信用合作社、互助基金等组成。其中，银行、信托公司、保险公司和证券公司是加拿大的四大金融支柱。

加拿大的银行分为中央银行和商业银行两大类，中央银行即加拿大银行（Bank of Canada）是加拿大的中央金融机构，总行设在首都渥太华，按照经济区划而不是地理区域在全国设9个分行。中央银行根据1934年加拿大中央银行法案而成立，旨在促进经济和维护加拿大的财政稳定。加拿大中央银行是加拿大唯一的发钞银行。加拿大有12家商业银行，是国家特许银行，也是加拿大金融机构的主要组成部分。特许银行采取分行制，即每家银行的总部设在重要的金融中心，而在全国各地设立分行。加拿大的商业银行主要有加拿大皇家银行（Royal Bank of Canada）、加拿大帝国商业银行（Canadian Imperial Bank of Commerce）、加拿大蒙特利尔银行（Bank of Montreal）、加拿大道明信托银行（TD Canada Trust）、加拿大丰业银行（Scotiabank）等。这几家特许银行在西方发达国家金融业中占重要地位。加拿大全国设有约8 000家金融机构分行。加拿大另有70家外资银行，其中中资银行包括中国银行（加拿大）、中国工商银行（加拿大）、中国建设银行多伦多分行等。

加拿大在多伦多、蒙特利尔、温尼伯、卡尔加里和温哥华有五大股票交易市场。其中多伦多证券交易所（Toronto Stock Exchange, TSE）是加拿大最大、北美洲第三大、世界第六大的证券交易所，有3 300多家上市公司，占全世界上市公司的10%，总市值达13 000亿美元。

加拿大金融保险服务种类丰富且安全，主要保险公司有：永明金融集团股份有限公司（Sun Life Financial Inc.），该公司主要业务遍及加拿大、美国、英国和亚太地区，在全世界20多个重要市场设有办事机构；宏利金融股份有限公司（Manulife Financial Corporation），该公司旗下的宏利人寿保险与中化集团财务公司合资组建了中宏人寿保险有限公司（Manulife-Sinochem Life），这是中国国内首家中外合资人寿保险公司。

## 第四节　主要产业发展

加拿大是西方七大工业国家之一，制造业、高科技产业、服务业发达，资源工业、初级制造业和农业是国民经济的主要支柱。加拿大是传统的资源大国，其自然资源产业包括矿业、能源业、林业、渔业等，货物贸易出口中40%的产品源于自然资源相关行业。加拿大是一个资源加工型、技术密集型国家，也是世界上接受外资最多的国家。

### 一、产业结构

依照加拿大、美国和墨西哥三国统计机构共同开发并使用的产业分类标准，即北美产业分类体系（NAICS），加拿大政府将国内产业分为广义制造业和服务业两大类。其中，广义制造业涵盖5个产业，依次为：(1) 农业、林业、渔业和狩猎；(2) 矿业；(3) 公用事业；(4) 建筑业；(5) 制造业。服务业涵盖15个产业，依次为：（1）批发贸易；（2）零售贸易；（3）运输与仓储；（4）信息；（5）金融和保险；（6）不动产和租赁业；（7）专业、科学与技术服务；（8）公司和企业管理；（9）行政、支持、废物管理和救助服务；（10）教育服务；（11）卫生保健和社会救助；（12）艺术与娱乐；（13）膳宿和餐饮服务；（14）其他服务业（除政府管理）；（15）政府管理。①

## 二、主要产业发展

制造业是加拿大最大的产业，主要包括汽车、纸张、技术设备、食品、服装等行业。2020年加拿大制造业总产值1 790亿加元，约占国内生产总值的9%，从业人员约173万，占全国就业人口约9%。加拿大制造业最大的贸易伙伴是美国。汽车工业方面，加拿大汽车制造业主要生产轻型车包括轿车、面包车、皮卡，重型车包括卡车、公交车、校车、军用车辆等以及各种类型车辆零配件和电子系统。加拿大共有450家汽车整车及零配件生产企业，约1 250家工厂，直接创造就业岗位13万个。汽车制造业是加拿大最大的出口部门，占货物总出口的17%，其中95%出口到美国。加拿大主要汽车制造商包括美国的菲亚特－克莱斯勒（Fiat Chrysler）、福特（Ford）、通用汽车（General Motors）以及日本的本田（Honda）和丰田汽车（Toyota）公司，汽车组装厂主要分布在安大略省。中国与加拿大的汽车及零配件贸易起步较晚，以对加出口为主；中国对加拿大汽车产业的投资主要涉及零配件生产，浙江万丰奥拓和四川波鸿工业公司分别在多伦多投资设厂，投资金额近5亿美元，为当地新增就业岗位超过5 000个。

林业是加拿大国民经济的重要组成部分，2020年，林业为加拿大国内生产总值贡献了35.6亿加元。美国是加拿大林产品的最大进口国，2019年加拿大对美国出口木材、纸浆等林产品224亿美元，占2019年加拿大林产品出口总额的68%。木材、纸浆等林产品也是加拿大对华出口量最大的产品之一，2019年加拿大对华木材、纸浆等出口额约为51亿美元。加拿大的传统林业部门包括林业、伐木、纸浆、纸张制造以及木制品制造，其中木材、实木产品、纸浆和纸张占加拿大林业部门的大部分生产和出口。加拿大的纸浆及造纸业在世界上占突出地位，是世界主要新闻纸出口大国，新闻纸产量占全世界的三分之一，同时也是世界第五大印刷纸和书写纸出口国。由于全球需求疲软，加之许多林产品价格下降

---

① 数据来源：加拿大统计局 https://www150.statcan.gc.ca/t1/tbl1/en/tv.action?pid=3610043402.

和减产，经过连续6年的增长，加拿大的林产品出口总额在2019年同比下降13.8%至332亿美元，木制品制造业和纸浆造纸业的实际国内生产总值同比分别下降了6%和7.9%。不过，国内外市场对非传统产品需求的不断增长，为加拿大林业的进一步发展创造了新的机会，同时也推动了加拿大林业发展向低碳经济转型。

加拿大高科技产业发达，在生物工程、核能、水电、通信、航天、环保、交通、石化、地球物理勘探、医学等方面拥有先进的技术和设备。加拿大是世界五大生物技术产业市场之一，在生物技术科学探索和应用的诸多门类中处于世界领先水平，在生物技术综合指标排名中位居世界第三位。加拿大政府自1998年以来实施生物技术战略，促进加拿大生物技术发展，改善国民生活质量，保护国民健康、安全以及生活环境。该产业生态系统包括大型跨国医药公司和生物技术公司、早期和中期生物技术公司、研究机构、大学和包括合同研究和制造组织在内的支持网络。加拿大政府每年在生物技术领域投资达9亿加元，其中90%以上用于研发。加拿大清洁技术行业涵盖生物燃料与冶炼、发电、智能电网、绿色建筑、工业节能、冶金化工、可持续交通运输、环境修复、水处理和生态农业等领域，被称为加拿大21世纪第一新型产业。加拿大的清洁技术行业由800余家企业构成，绝大多数为中小企业，是加拿大政府积极扶持的领域之一，该行业就业人数超5万人。美国、欧盟和中国是加拿大清洁技术产品三大出口目的地，中国自2013年起成为加拿大清洁技术产品第三大出口市场。

加拿大服务业发达，占国内生产总值的70%左右，吸收了75%的就业人口。加拿大的服务业主要包括交通运输、商业服务、旅游服务、政府服务四大类。加拿大幅员辽阔，交通运输业发达，全国已形成由铁路、水运、公路、管道和航空运输组成的现代化交通运输网络。其中铁路总长约7.22万公里，据加拿大铁路协会（Railway Association of Canada）统计，加拿大拥有世界第五大铁路网，世界第四大铁路货物运量。加拿大的水运包括远洋、内河和沿海航运，以海运为主，主要国际贸易港有温哥华、多伦多、蒙特利尔、魁北克、圣约翰和哈利法克斯（Halifax），其中温哥华是加拿大最大的海运港口。公路运输在加拿大交通运输业中占有重要地位，全国公路总长约100万公里，大多分布在城市和人口集中、工农业发达的东南部。加拿大是世界上航空业最发达的国家之一，加拿大空域面积世界排名第三，拥有完善的机场网络，加拿大机场系统包括26个加拿大国家机场系统（National Airports System，简称NAS）机场、71个服务于定期客运的区域性和地方机场、31 个设有客运服务的小型和卫星机场、13 个偏远地区机场以及 11 个北极机场（其中包括已纳入 NAS 系统的三个地区首都机场）。加拿大各大城市都有航线相通，其中重要的国际航空港有多伦多、温哥华、蒙特利尔、卡尔加里等。旅游服务方面，加拿大占据多半北美大陆，幅员辽阔、风光各异，是世界主要旅游大国。依托发达的经济水平、较高的商业开放程度、高质量的服务业和完善的法律政策体制，旅游业已成为加拿大重要的经济部门。同时，旅游业是加拿大重要的就业部门，与旅游业有关的就业人口达 170 万人，每 11 个加拿大就业者中就有 1 个从事与旅游相关行业。中国是加拿大第二大旅客来源地，中加有 8 对省和地区、29 对城市结成友好省市，双边开展旅游合作具有坚实基础。2016 年 9 月中国国务院总理李克强与加拿大总理贾斯廷·特鲁多正式宣布 2018 年为中加旅游年，双方开展了一系列旅游合作。2017 年加拿大在中国增开 7 个签证中心并大力提升中加间航空运力，中国游客赴加旅游便利化程度提高 21%。

## 第五节　中加经贸关系

中加两国于 1973 年签署中加贸易协定，确定建立两国经贸联合委员会机制，联委会至今已举行 27 次，两国一直都保持着良好的经济贸易合作关系。21 世纪以来，中加经济贸易关系有了较大发展，已从单一的商品贸易发展到全方位、跨领域、多元化的贸易和经济技术合作，两国间的经济联系不断加深。

### 一、中加经贸关系的发展历史

中加两国的经贸往来最早可以追溯到 20 世纪初，《加拿大 1921 年度贸易报告》（*Annual Report of the Trade of Canada · 1921*）中对 19 世纪末、20 世纪初加拿大与中国的贸易数据情况有比较全面的统计和翔实的记录；中加两国自 20 世纪 50 年代就有一定的民间贸易往来，正式贸易关系始于 1961 年中加签订的《小麦协定》。

自 1970 年两国建交并于 1973 年签订政府间贸易协定以来，两国经贸关系发展顺利，友好合作保持良好发展势头。近年来，中加经贸关系有了较大发展，已从单一的商品贸易发展为全方位、跨领域、多元化的贸易和经济技术合作，商品、服务、人员和资本的流动日益频繁，两国间的经济联系不断加深。1999 年

11月，中加就中国加入世界贸易组织达成双边协议，标志着两国经贸关系翻开了新篇章。2007年12月，中加经贸联委会第20次会议在渥太华举行，双方全面回顾了中加经贸合作的现状，就双边投资保护协定谈判、加强基础设施领域合作、贸易救济措施以及质检等各自关注的问题进行了深入探讨。2010年6月，第四届中加经贸合作论坛在渥太华举行，两国企业家逾500人参加，签署了涉及矿业、环保、新能源、投资服务等领域多项合作文件，总金额约5亿加元。同年10月，中加经济伙伴关系工作组首次会议在北京召开。2012年7月，两国发布经济互补性联合研究报告。

2012年9月，胡锦涛主席和加拿大总理哈珀（Stephen Harper）在俄罗斯亚太经济合作组织领导人非正式会议期间共同见证签署《中加投资保护协定》，2014年10月该协定正式生效。2016年9月，李克强总理访加期间，双方宣布2025年双边贸易额在2015年基础上翻一番，并同意启动中加自贸协定探索性讨论。2017年，中加双方举行了四轮中加自贸协定联合可行性研究暨探索性讨论。同年12月，习近平总书记在会见加拿大总理特鲁多时指出，中加双方要扩大务实合作，充分挖掘合作潜力，在能源资源、科技创新、航空交通、金融服务、现代农业、清洁技术等领域打造更多合作亮点。中方愿继续支持有实力的中国企业赴加拿大投资，也欢迎加拿大企业积极参与"一带一路"建设。

2021年1月，中国人民银行与加拿大银行续签双边本币互换协议，互换规模为2 000亿元人民币，中加双边本币互换协议将有助于加强两国金融合作，扩大中加间本币使用，促进双边贸易和投资便利化，维护金融稳定。同年9月，习近平总书记在北京以视频方式出席第七十六届联合国大会一般性辩论，并发表题为《坚定信心 共克时艰 共建更加美好的世界》的重要讲话，提出了全球发展倡议，为各国发展和国际发展合作指明了方向。中加两国同为亚太地区重要经济体，是联合国、世界贸易组织、二十国集团等多边机制成员，也是现行国际体系的积极参与者。面对新冠疫情给全球经济发展带来的冲击，需要秉持人类命运共同体理念，加强宏观经济政策沟通与协调，共同应对当前全球性挑战。中加建交51年来的经贸合作实践充分表明，基于优势互补、互利共赢的中加各领域务实合作具有强大动力。

## 二、中加经贸合作概况

中加两国自1970年10月建交并于1973年签订政府间贸易协定以来，双边经贸合作一直保持良好发展势头，已从单一的商品贸易发展为全方位、跨领域、多元化的贸易和经济技术合作。

中加互为重要的投资来源地和目的地，截至2021年底，加拿大累计在华投资设立企业1.7万余家，在华直接投资存量为113.8亿美元，中国在加拿大的直接投资存量为137.9亿美元。2022年，加拿大与中国货物进出口贸易额为1 286.84亿加元，同比增长12.9%，占加对外货物贸易进出口总额的8.5%。其中，加对华出口286.56亿加元，同比增长2.1%，占加出口总额的3.7%；加自华进口1 000.28亿加元，同比增长16.4%，占加进口总额的13.5%。① 中国继续保持加拿大第二大贸易伙伴、第二大进口来源地、第二大出口市场地位。

农场渔业产品、金属矿产品和林业产品是加拿大对中国出口的三大类产品，占对中国出口产品总额的63.53%。其中，农场渔业产品2020年的出口额为69.86亿美元，同比增长38.14%；金属矿产品2020年的出口额为48.19亿美元，同比增长36.09%；林业产品出口为42.31亿美元，同比下降18.43%。加拿大自中国进口的主要产品为电子电气设备、工业机械设备及消费品，2020年合计进口603.93亿美元，占加拿大自中国所有产品进口总额的78.91%。②

与中国往来较多的加拿大著名公司和经济团体略举一二：庞巴迪公司（Bombardier Inc.），成立于1942年，是全球唯一同时生产飞机和机车的设备制造商、全球第三大民用飞机制造商，业务覆盖60余个国家，员工超过7万人；鲍尔公司（Power Corp. of Canada），成立于1925年，主要从事人寿和健康保险、广播电视、出版、金融、采矿、房地产等业务；加中贸易理事会（Canada-China Business Council），属于非营利性民间机构，成立于1978年，宗旨是推动和促进加拿大与中国之间的贸易和投资，总部设在多伦多，在加拿大温哥华、蒙特利尔、卡尔加里、哈利法克斯和中国北京、上海均设有办事处。

## 三、中加主要商会

加中贸易理事会（Canada-China Business Council，CCBC）成立于1978年，为私营非营利会员制组织，总部设在多伦多，在加拿大温哥华、蒙特利尔、卡尔

---

① 数据来源：中华人民共和国商务部 http://vancouver.mofcom.gov.cn/article/zxhz/hzjj/202303/20230303398323.shtml.
② 数据来源：加拿大统计局 https://www.statcan.gc.ca/.

## 第四章 加拿大经济

加里和中国北京、上海设有办事处，致力协调并促进加中两国间的贸易投资活动。加中贸易理事会的宗旨是推动和支持加中两国间的投资、技术转让和贸易发展，促进两国的经济增长和密切双边关系；在涉及加中关系的事务上，代表加拿大商界与政府和社会公众进行沟通。

加拿大中国总商会（Canadian Chinese General Chamber of Industry and Commerce，CCGC）成立于2005年，为非营利性的会员制组织，总部设在加拿大多伦多，在温哥华、北京、上海、深圳设有分部，致力协助并促进加中两地的企业会员和个人会员发展业务并开展投资活动。目前，加拿大中国总商会的会员数量为1 600多家企业（或个人），中加两地的公司、企业以及工商领域的优秀人才形成了商会的中坚力量。加拿大中国总商会的宗旨是促进中加两国的贸易合作、商业往来与技术转让，提供商业咨询、市场信息、市场推广等多项服务，并组织城市、国家以及国际性的各类商务交流活动。

加拿大中国商会（Canada-China Business Association，CCBA）由加拿大工商界人士和华人侨社团体于1997年共同创办，为非营利、非政治的全国性民间社团。总部设在温哥华市，致力协调并促进加中两国之间开展经贸、投资、教育和技术交流及合作。该商会共有来自中国和其他国家的会员600多位，会员中有各行各业的成功企业家、博士和硕士等高级技术人才。加拿大中国商会每年都积极主办或协办各类大型的国际、国家、省、市和社区的商务、技术、文化和教育活动，并接待来自中国的政府和商务代表团。加拿大中国商会的宗旨是全力聚合在加拿大的各大华商（以原居住地为中国的加国公民和移民为主）之群体力量，协助华商在加拿大发展商务，帮助华商积极融入加拿大商圈，并促进加拿大商人与中国之间建立紧密的商务联系，为中加两地创造更多商机。

加拿大中华商会（Chinese Business Chamber of Canada，CBCC）成立于1998年，是一个新型的为华商服务的非营利机构。加拿大中华商会立足于加拿大社会，以促进商务交流与合作、繁荣华人经济为宗旨。其特点是帮助中国人在加拿大经商创业，这一点不同于其他类似兄弟组织，它们是把重点放在中国，帮助加拿大商人在中国经商。加拿大中华商会现有会员包括加拿大境内的600多家华人制造商、进出口商、批发商、零售商、代理商等，是目前加拿大最大的华人商会。

加中企业家协会（Sino Cann Entrepreneurs Association）成立于1993年，总部设在加拿大多伦多市，在温哥华、香港、北京、上海等地设有办事处或联络处，致力促进加中两国企业家及企业之间的交流与合作，帮助协会会员在加中两国的创业与发展，特别是为投资移民和企业家移民等会员在加国的再创业提供咨询、培训和指导。该协会下设办公室和12个专业分会及中心。自成立以来，该协会成功组织了加拿大企业和企业家访华团队，也协助我国十几个省市的政府和企业承办了赴加展销、经贸洽谈、招商引资、专业培训等活动。

## 本章小结

作为西方七大工业国之一，加拿大的经济整体基础扎实，其丰富的自然资源、发达的制造业、完善的基础设施以及优越的地理位置，都为加拿大吸引了大量的外来投资。从2020年来看，新冠疫情无疑是加拿大国内经济发展的一大关键词，2019—2020年，加拿大的经济增长速度明显放缓。面对新冠疫情给国内经济发展带来的负面影响，特鲁多政府大力投入资金以支持受到新冠疫情影响的各行各业，并陆续出台了一系列经济应对措施，为个体、企业和各行业提供援助。

加拿大以贸易立国，经济上对外贸依赖严重。美国是加拿大的第一大贸易伙伴，每年加拿大对其出口额占出口总额的75%以上。[①] 疫情期间，加美两国继续保持频繁的贸易往来，但在2020年3月18日，为控制国内疫情，特鲁多政府宣布暂时关闭两国边境，而美国新冠疫情的持续升级为两国的经贸发展带来了新的挑战。虽然中加两国2020年的贸易额继续提升，但是受加拿大"毒丸条款"（《美国－墨西哥－加拿大协定》第32章第10条）的影响，中加关系面临新的危机，为中加两国经贸合作的持续稳定发展带来冲击。加拿大政府疫情管控政策的持续放松和全球经济的逐步复苏，都进一步促进了加拿大国内经济的增长，但日益复杂的国际关系局势也为加拿大未来的经济发展增加了不确定性因素。

**思考题**

1. 结合加拿大经济发展历史，谈谈你对加拿大与美国之间经济关系的认识。
2. 加拿大发展国民经济有哪些得天独厚的优势？

---

① 数据来源：Daniel Workman, "Canada's Top 10 Exports", *World's Top Exports*, May 10, 2020. http://www.worldstopexports.com/canadas-top-exports/.

3. 有人认为加拿大联邦政府成功应对了新冠疫情带来的经济冲击，对此谈谈你的看法，试举例说明。

4. 与中国经济相比，加拿大经济发展有何显著特点？

5. 全球化背景下，谈谈你对中加两国增强经贸合作的看法。

**本章推荐阅读**

1. 陈德：《新编英语国家概况　美国，加拿大篇》（第2版），西安：西安交通大学出版社，2013年。

2. 李节传：《加拿大通史》（修订本），上海：上海社会科学院出版社，2018年。

3. 刘尧、李慧敏：《英语国家概况——爱尔兰、新西兰、加拿大和澳大利亚》，重庆：重庆大学出版社，2017年。

4. 刘意青：《全球化背景下的加拿大研究》，北京：北京大学出版社，2019年。

5. 唐小松：《加拿大蓝皮书（加拿大发展报告2020）》，北京：社会科学文献出版社，2020年。

6. 托尼·伯顿：《THIS IS CANADA：加拿大（英语国家文化与生活1）（出国留学英文版）》，天津：天津人民出版社，2017年。

7. 中国银行股份有限公司，社会科学文献出版社：《加拿大/文化中行国别地区文化手册》，北京：社会科学文献出版社，2016年。

# 第五章　加拿大科技

加拿大科技产业基础雄厚，在航空航天、现代农林畜牧业、新能源新材料等科学技术方面处于全球领先水平，先后产生了28位诺贝尔奖得主。加拿大科技发展战略强调创新引领，政府在科技发展中主要发挥引导和协调作用，对关键技术领域给予倾斜，鼓励政府研发机构、国家实验室、高等学校与企业界合作，共同解决关键科学技术的研发难题，促进加拿大科技产业的持续发展。

## 第一节　航空航天业

加拿大航空航天业发达，是全球领先的航天工业强国，以民用飞机、军用飞机、太空探测等闻名于世。加拿大航空航天业研发资金雄厚，在加拿大政府的大力支持下，基础设施完善，税收政策优厚，人才储备充足，关键领域优势突出，产业高度融入全球价值链。加拿大飞机制造历史百余年，为全球第三大飞机生产国，动力飞行业地位显著，大部分产能面向民用，出口竞争力强。

### 一、航空业

（一）飞机制造

飞机制造在加拿大经济发展中发挥着重要作用，加拿大民用飞机制造在全球位居第三。1907年，加拿大设计制造了第一架国产飞机。

庞巴迪公司总部位于加拿大蒙特利尔，于1942年成立，是仅次于美国波音公司和欧洲的空中客车公司（简称空客）的世界第三大飞机制造商，也是全球唯一同时生产飞机和机车的设备制造商，业务覆盖60多个国家。庞巴迪公司主要生产高性能飞机和提供优质服务，在公务、商用和水陆两栖飞机市场中确立了卓越的标准。庞巴迪公司非常重视中国市场，在中国设立了多家分公司，拥有数千名员工。庞巴迪公司是中国大陆支线飞机的重要供应商，占据了中国商务飞机市场的重要份额。

加拿大航空电子设备公司（CAE）成立于1947年，总部位于蒙特利尔，是全球知名的飞行模拟器生产商，在全球30多个国家和地区设有分公司，主营业务包括航空飞行模拟、降落装置和飞行系统等，不少产品处于世界领先水平。

## （二）航空运输

加拿大地广人稀，航空运输业在经济和社会发展中发挥了至关重要的作用。截至2018年，加拿大空域面积世界排名第三，由世界最大的私营航管公司加拿大航管公司（Nav Canada）提供空域导航服务。加拿大在飞行员培训、飞机维修等方面技术一流。

加拿大拥有完善的机场网络。多伦多皮尔逊国际机场是加拿大航空的主要枢纽，也是世界最繁忙的机场之一。美国、英国和中国是加拿大航空货运最主要的目的地。加拿大航空公司和西捷航空公司是加拿大两家全国性的航空公司。另外，加拿大还有50家区域性的小航空公司。

中国是加拿大第二大国际贸易合作伙伴。近年来，许多往返加拿大和中国的新航线陆续开通。2017年2月16日，加拿大航空公司开通了加拿大蒙特利尔至中国上海的每日航班服务。新航线的开通，促进了两国间的旅游、贸易和经济往来。

# 二、航天业

## （一）空间机械臂

空间机械臂是空间站的三大关键技术之一。加拿大研制的空间机械臂是世界先进的太空维修和飞行器对接机器人。加拿大以美国等国的航天飞机和国际空间站（ISS）为载体，开展太空机器人项目的研究。加拿大空间机械臂完成了对哈勃太空望远镜（Hubble Space Telescope）的维护和国际空间站建造等大规模的空间在轨服务任务，是世界上最先进的太空机器人系统之一。加拿大空间机械臂作为空间机械臂的开路先锋，展示了空间机械臂广阔的使用范围和巨大的发展潜力，极大地促进了太空机械臂的发展。加拿大空间机械臂在国际航天领域处于重要地位,是加拿大航天工业的一张名片。

(二) 卫星通信

加拿大国土辽阔,是世界上第一个实现国内卫星通信的国家,第二个拥有卫星的国家。加拿大卫星发展始于20世纪50年代末,当时主要研制加拿大国内通信卫星和国外对地观测卫星。1962年9月28日,加拿大使用美国运载火箭发射了加拿大第一颗人造地球卫星云雀号(Skylark),用以研究太空电离层对地球的影响。1969年,加拿大受美国宇航局邀请参加了航天飞行计划。

近年来,加拿大研制的移动服务系统和太空机器人为国际空间站的建设和运行做出重要贡献。目前,加拿大在太空资源探测、卫星通信等方面位居世界前列,彰显了加拿大航天业的实力。

加拿大航天业成功的奥秘主要包括三个方面。首先,加拿大有目标地积极参与太空科研活动,推动加拿大航天科技的发展。加拿大根据本国的特点,重点发展了太空机器人、太空资源探测系统、卫星通信等航天项目。加拿大地广人稀,卫星探测发挥了重要的作用。通信卫星把加拿大的偏远地区和其他地区联系起来,使偏远地区能很好地享受远程医疗与远程教育等服务。其次,加拿大宇航局善于充分联动国内外相关资源。加拿大宇航局和美国宇航局之间相互合作,加拿大许多航天项目都是和美国联合开展的。加拿大宇航局和欧洲宇航局(ESA)已有40多年的正式合作历史。国际空间站是人类在太空领域重大的合作项目,加拿大通过参与国际空间站的建设,在国际航天领域占据重要地位。最后,加拿大宇航局积极引导国内资源参与航天工程的建设,鼓励科学探索,为加拿大的经济和社会发展助力。加拿大工业部(Industry Canada)制定了《加拿大航天政策框架》(Canadian Space Policy Framework),为加拿大的航天业发展明确了方向,确保加拿大持续开展太空探索、航天技术开发等方面的活动,巩固了加拿大在国际航天领域的优势地位。[①]

## 第二节 信息技术与量子计算

加拿大信息技术实力强劲,信息产业分布均衡。加拿大信息产业成功的关键

---

① 郑本昌:《独辟蹊径的加拿大航天工业》,《中国航天报》,2017年7月22日,第2版。

在于产业发展持续升级，基础设施分布合理，研发投资政策完善。另外，高水平的教育体系、高素质的劳动力、健全的法律法规、合理的经济基础，都对加拿大信息行业的发展起到了推波助澜的作用。

## 一、信息通信

信息通信是信息技术与通信技术相融合形成的，通信技术主要研究信息的传送，而信息技术着重于研究信息的编码、解码以及信息在通信载体中的传输方式。随着科技的发展，这两种技术变得密不可分，渐渐融合成为一个范畴。

加拿大长期以来引领着世界信息产业的发展，全球知名的移动通信品牌爱立信、西门子、AG 都把技术研发中心设立在加拿大。

第五代移动通信技术（简称 5G）是具有高速率、低时延和大连接特点的新一代宽带移动通信技术，是实现人机物互联的网络基础设施。加拿大的 5G 高速发展，加拿大研科电信公司（Telus）是加拿大发展最快的电信公司。5G 正在释放人类生产力，有助于促进社会发展，提升教育水平，支持可持续性发展，培育创新精神，弥合社会经济鸿沟，推动经济增长。

## 二、计算机技术

加拿大计算机技术相关行业发达，知名科技公司众多。加拿大著名的量子计算公司 D-Wave 是世界上第一家商用量子计算机公司。在加拿大，五分之二以上的科技从业者是移民，其中计算机技术岗位的占比更高，移民群体在推动加拿大整体科技发展中发挥了非常重要的作用。

多伦多大学的计算机专业是全球顶尖的计算机科学专业。滑铁卢大学作为全世界最大的数学和计算机科学教育研究基地，拥有全球首家量子计算及纳米技术科研中心。不列颠哥伦比亚大学的计算机科学系成立于 1968 年 5 月，是北美顶尖的计算机科学系之一，在人工智能算法、数据库、数据挖掘等科研方面取得突出成绩。

## 三、软件开发与游戏产业

加拿大是世界软件强国，加拿大政府出台了一系列研发税收减免政策，推动软件业的发展。加拿大基础软件和工业软件总体的开发水平和实力仅次于中国、美国、法国和德国，软件开发实力强，软件覆盖的工业领域广，绝大部分基础软件和工业软件都是本领域的全球首创，拥有非常著名的软件创新体系。

在游戏产业方面，加拿大游戏公司规模庞大，生态丰富，游戏从业者众多。加拿大政府出台了各种与游戏产业相关的优惠政策，对游戏业的发展给予高度支持。

## 四、量子计算

加拿大在量子研发方面处于世界领先地位，在过去的 10 年里，加拿大在量子技术领域的研发投资超过 10 亿美元。加拿大国家研究委员会（NRC）预计，到 2040 年，量子技术将发展成为一个价值 1 400 多亿美元的产业，创造 23 万个左右的就业机会，产生 550 亿美元的投资回报。在未来几十年中，量子技术将广泛用于医疗保健、药物研究、资源管理、金融、电信和网络安全领域，为全球经济发展带来变革。

量子计算是一项变革性的技术，在这项技术中，加拿大的研究人员已经形成了全球领先的优势。这项技术将对加拿大社会发展产生重大影响，推动加拿大经济增长，提升就业率。因此，加拿大政府将其确定为国家的战略机遇，不断加大对该行业的支持力度。

## 五、传媒业

加拿大的传媒行业发达，竞争非常激烈。私营企业集团掌控着加拿大的报纸、出版和广播电视。最大的媒体集团是康拉德·布拉克（Conrad Blake）集团。

加拿大的报纸主要分日报、周报和专业报纸三种，日报大多为全国和地区性综合报纸，周报主要是各个社区的小报，专业报纸则多是就业、房产信息之类的报纸。加拿大广播电视产业呈现出明显的垄断趋势。在政府的扶持与资助下，广播电视领域国有和私营两种体制并存，相互竞争。加拿大电视台大致可分为综合台和专业台两种，基本都是 24 小时不间断播出。加拿大传媒行业的发展特征主要包括以下三个方面。

第一，提升本土文化的关注度。加拿大传媒业非常重视加拿大本土文化的发展与传播。近年来，加美两国人民之间交流往来非常密切，加拿大人可以随时收听收看美国的电视广播节目，美国文化广泛渗透加拿大人的生活。因此，加拿大人经常不遗余力地向来访者介绍本国历史发展沿革，文化传统特色，宣传加拿大的文化，表明其与美国文化的区别。

加拿大媒体注重保持自身文化的独立性，重视本土内容的传播，突出与美国的文化差异。加拿大政府试图通过一些强制性法规来保护本土文化，加拿大影视业的专业管理机构成立了加拿大广播电视委员会。该机构规定，加拿大的影视节目核心内容必须为"加拿大内容"，所有的广播电视媒体与节目，只有符合这一标准，才能取得制作与播出执照。加拿大政府在资金投入上也鼓励和支持广播电视媒体制作自己的节目，政府还出台了一些优惠政策来鼓励媒体机构播放加拿大制作的本土内容，提高加拿大电视节目的竞争力。

第二，保持文化多元特性。加拿大在历史上曾经是英国、法国的殖民地。加拿大文化深受英国、法国、美国文化影响。近年来，加拿大吸引了来自世界各地尤其是大量亚洲移民来到加拿大生活，为加拿大文化增加了多元色彩，多元性是加拿大传媒文化的重要特征。

加拿大政府十分注重扶持、保护本土影视传媒文化的发展，努力保持多元文化特色。加拿大国家广播公司的新闻节目使用英语、法语和其他几种原住民方言，从地方文化的角度报道加拿大人的生活。国际广播电台更是提供7种语言服务，覆盖全国人口的90%以上。加拿大原住民当中一些受过高等教育的精英人士已经成为导演、演员、电视制作人等，他们拍摄制作反映原住民文化的影视节目，介绍推广本民族文化。

第三，新媒体发展策略。近年来，新媒体发展势头强劲，传统报刊行业迅速衰退，人们通过很多新型的方式获取新闻资讯，民众也积极地参与新媒体内容的制作和传播。传统媒体与新媒体的结合已成为大势所趋，传统纸媒把发展新媒体作为重要的战略方向。加拿大传媒已经从传统的纸媒向数智化新媒体方向转变，这是加拿大传媒重要的发展趋势。

总体来说，加拿大的传媒业凭借法制化的规范管理，依靠民众对本国媒体的支持，以及媒体人自身的努力，支持了本土文化的蓬勃发展，适应了市场化发展的需要，保持多元化的发展方向，使加拿大新媒体的发展成为行业标杆。[①]

## 第三节　先进制造技术与生物医疗

制造业是加拿大最大的产业板块，政府通过提供资金支持、实施经济多元化

---

[①] 李鹏：《加拿大传媒业观察：本土文化与新媒体战略》，《海外传媒》，2011年第11期，第63-64页。

战略等措施，助力制造业智能化发展，鼓励各大投资公司和大学支持新兴高科技制造业企业，推动国际贸易，强调制造业创新领域的相互联系。①随着人工智能、无人机、机器人、汽车与机械等先进制造技术的推进与融合，高科技制造业收入占制造业整体收入比重呈现出稳步递增态势。

现代生物技术与医疗工程技术是推动经济发展和社会进步的重要支撑技术，加拿大政府十分重视生物医疗的研究与开发。早在1922年，弗雷德里克·班廷（Frederick Banting）、查尔斯·贝斯特（Charles Best）和约翰·麦克劳德（John Macleod）在多伦多大学进行的动物实验中发现了胰岛素，这是糖尿病治疗的一项重大突破。1923年，班廷和麦克劳德获得了加拿大第一个诺贝尔生理学或医学奖。目前，加拿大政府在生物制造、疫苗和医疗工程的30个项目上投资超过16亿美元，以应对加拿大的流行病以及加强生命科学创新能力。

## 一、人工智能

人工智能是指将计算机科学、统计学、脑神经学和社会科学进行融合创新形成的前沿综合学科，使得计算机像人一样具有智能，代替人类进行识别、认知、分析和决策等多种操作。② 为助力人工智能产业发展，加拿大政府在2017年3月发布了全球首个人工智能国家战略计划《泛加拿大人工智能战略》（Pan Canadian Artificial Intelligence Strategy），将人工智能作为国家的顶层设计来布局实施，计划拨款支持相关研究，加强人才培养，推动人工智能产业的发展。③

全球人工智能产业主要集中于美国、中国、英国、加拿大等较早在人工智能领域布局的国家，其中加拿大人工智能企业数量位居第四。加拿大人工智能的学术研究和产业化较强。加拿大人工智能未来发展将聚焦人工智能技术与实体经济深度融合共同发展，把人工智能作为企业优先发展的目标，加强计算机视觉、大数据等核心技术攻关，将其与现有各种制造、设计、服务、工业技术深度融合，应用于更多领域。

---

① 许立帆：《"江苏制造"向"江苏智造"发展——加拿大制造业智能化经验启示》，《江苏商论》，2019年，第106－108页。

② Abdulrahman Yarali, 2022. Big Data and Artificial Intelligence. In Intelligent Connectivity: AI, IoT, and 5G: 299－326.

③ 周伯柱、赵晏强：《加拿大人工智能发展现状》，《科技促进发展》，2019年第8期，第762－770页。

## 二、无人机和机器人技术

无人机产业是一个新兴的高科技产业,从研发、制造到使用、管理及服务,涉及诸多领域。加拿大无人机产业起步较早,其技术在世界上属于领先水平,特别是在商用和科研领域。计算机技术、无线电技术及控制技术等科学技术推动了无人机的发展速度,使之在军事领域及民用领域的应用越来越广泛。[1]

加拿大拥有各种各样的机器人制造公司。先进科学技术和市场经济有效地推动了现代无人机技术和机器人技术的发展。未来无人机将会朝着体积更加小巧、更加方便携带的方向发展,并具备隐身、自动敌我识别、人工智能控制等功能,将在更多领域中得到广泛应用。

加拿大长期高度重视机器人技术发展,已为加快工业机器人技术的产业化步伐制定了非常清晰的目标,工业机器人技术正在向智能化、模块化和系统化的方向发展,致力将工业机器人技术应用从传统行业向高新技术领域拓展。

## 三、汽车与机械技术

加拿大汽车制造业实力雄厚,汽车与机械技术较为发达。早在 20 世纪初,美国福特和通用公司就在加拿大开设装配厂,主要是面向加拿大国内市场。加拿大的优势是汽车零部件生产,汽车工业主要集中在北美的五大湖汽车制造业集群区,该行业覆盖近 50 万名加拿大工人。

加拿大最大的自有汽车品牌是 New Flyer,它也是北美最大的客运汽车制造商,成立于 1930 年。安大略省的温莎大学(University of Windsor)的汽车工程专业较为有名,重点研发汽车替代燃料、新材料、汽车耐用性、机械工程设计、汽车安全、节能以及减少废气排放技术。

## 四、医疗工程

加拿大的医疗体制是全民享受基本的免费医疗,政府为加拿大居民提供基本的健康保险保障,参保人凭借健康卡即可看医就诊。

加拿大的医疗卫生领域既有以网络和信息系统为依托,实现远距离、大范围的医疗信息和资源共享以及业务支援的需求,又具备实现这一需求的经济和科技

---

[1] 王超:《现代无人机技术研究现状和发展趋势研究》,《科技风》,2020 年第 17 期,第 12 页。

实力。《美国新闻》（U.S. News）公布的 2021 世界医疗系统排名显示，加拿大排在全球第四位。根据美国《新闻周刊》发布的《2021 年世界最佳医院》（The World's Best Hospitals 2021）榜单，加拿大有 6 家医院名列前茅，其中多伦多综合医院（Toronto General Hospital）排名全球第四。在 2019 年 11 月 1 日，多伦多西区医院（Toronto Western Hospital）运用机器人技术完成了世界首例神经血管外科手术，实现了科技界、医疗界的创举。

加拿大在医药技术方面居领先地位。美国《制药经理人》（*PharmExec*）杂志评选的 2020 年全球药企 50 强中，加拿大博士康（Bausch Health）公司排名第 28 位。博士康公司是加拿大最大的制药公司之一，主产非处方药和医疗设备。博士康制药公司的产品在全球范围内销售，覆盖多个国家和地区的市场。

## 五、生物技术

加拿大在生物技术领域表现优秀，其中生物医药、生物农业、生物能源、纳米技术属于优势领域。加拿大在这一领域取得的开拓性成就包括开发最早的心脏起搏器、人工喉、胰腺以及双肺移植，并且发现了胰岛素，研制成功狂犬疫苗。加拿大在医学领域取得了多项重大突破，包括多发性硬化症（Multiple Sclerosis）的治疗突破以及成功研发出口服胰岛素片剂，在糖尿病治疗领域取得新进展。

加拿大在蒙特利尔、多伦多和温哥华共有 500 多家生物技术公司，其生物技术产业发展迅速。多伦多大学及其附属科研机构在生物信息科学和基因学方面实力雄厚，其出色表现使多伦多成为北美第四大医学研发中心。

加拿大在生物技术领域拥有人才、资源和制度等多方面的优势，同时在研发创新、产业应用和国际合作等方面也取得了显著成就。加拿大生物技术公司在疫苗研发、基因编辑、合成生物学等领域取得了重要进展。加拿大政府和企业对生物技术领域的投入持续增加，为生物技术的研究和开发提供了资金和资源支持。

## 第四节　现代农林牧业

### 一、现代农业

农业是加拿大经济的生命线，是加拿大国际市场交易的主要贡献者。加拿大农业凭借丰富的自然资源和得天独厚的生产条件，不仅在国家经济中占有重要地位，而且以精良的谷类、油籽、蔬菜、精肉和乳制品著称，是世界上农业比较发达的国家之一。加拿大是全球第五大农产品出口国，占本国出口量前五类的农产品为大宗谷物、肉类及副产品、油料作物、蔬菜及活畜。小麦是加拿大最重要的农作物和出口农产品。加拿大农业的高集成度和高机械化水平，决定了加拿大农业以出口为主要导向，其主要农产品产地物流设施齐全，世界主要农产品贸易商云集。

加拿大的农场主要集中在南部地区，最重要的农业区是艾伯塔、萨斯喀彻温和马尼托巴三个省，土壤以肥沃的棕壤和黑土为主，是国家的粮仓。中部地区的安大略和魁北克两省也是重要的农业区。自动化技术融入农业实践，帮助农场经营者适应日益现代化的农业经营，提高效率和产量。

农业科技创新促进现代农业发展。加拿大早在 20 世纪 40 年代就基本实现了农业机械化，60 年代已步入农业现代化。为了更具创新性，农民正在使用数据、技术、设备和实践来提高农业生产效率和利润最大化。随着现代农业科技的不断进步，农民可以使用更多的科学工具进行生产和决策，农场能够在播种、收获中使用高科技技术，实现农耕的更高精确度和准确性。加拿大农业和农产品行业是加拿大的第三大就业行业，超过一半的农业工人曾在安大略省和魁北克省工作。温室、苗圃和种植业公司是最大的雇主公司，其次是油籽和粮食种植公司。

随着消费者对自身健康及社会对生态环境的不断关注，"有机农业"理念在加拿大不断深入人心，有机农业发展迅速。随着消费者对有机产品兴趣的不断增加，加拿大农场正在通过集成机械化技术和创新自动化流程等方式来调整生产方法，以满足市场需求，使农场创造更高效率，实现规模和盈利最大化的目标。根据加拿大农业普查数据，加拿大农场在运营中使用了包括机器人挤奶、温室自动化、动物住房的自动化环境控制、自动化动物饲养、地理信息系统测绘、自动播种技术、全球定位系统技术等现代科学技术。[1]科技创新在农业发展中扮演着重要的角色，并且催生了大批农业创新企业。

## 二、现代林业

加拿人拥有丰富的林业资源，森林面积和绿化覆盖率很高，在可持续森林管理方面处于世界领先地位。加拿大林业产业主要分为三大部门，分别是实木产品制造、纸浆和纸制品制造、森林资源的可持续管理和采伐。加拿大是世界上最大的软木木材生产国和出口国之一，林产品出口贸易主要来自纸浆、报纸、软木木材这几种产品。

林业是加拿大的主要财富来源之一，产生了广泛的经济、社会和环境效益。其主要优势包括：拥有世界上较多的森林生物资源，具备较高的生产力水平，拥有成熟的交通基础设施和原材料供应网络体系，具备完善的产业链和产权保护法规。此外，加拿大还拥有尖端的科研能力和先进的技术，以及一流的创新体系和强大的科学技术学术网络。加拿大利用其独特优势，大规模开发和生产新的具有高附加值的森林生物产品，紧跟全球林业发展潮流，促进森林经济向以清洁技术和可持续森林管理为基础的生物经济转型。

加拿大政府致力提高加拿大森林部门的竞争力并缓解与气候变化相关的问题，将木材建筑作为加拿大实现气候变化目标的一种战略方式，通过可再生资源绿化建筑环境，为加拿大企业创造机会的同时为加拿大人创造就业机会，更好地帮助加拿大建立全球低碳经济新格局。

近年来，加拿大林业经历了严重的周期性衰退，世界市场也出现了结构性变化。为应对这些挑战，加拿大林业开始沿着四个不同的方向进行转型：市场开发、运营效率、业务流程变革和新产品开发。这一转型中最令人瞩目的进展之一是加拿大林业部门推出的新型创新产品、材料和服务。其中纤维素纤维和纳米结晶纤维素，是能推动纸浆和造纸行业发展的下一代纸浆产品。这些新技术的应用提高了加拿大整个行业的生产力，使产品线多样化以提高经济效益，还将为加拿大新的创业者创造机会，增强行业的竞争力和创业精神。

---

[1] Statistics Canada, 2017. Growing opportunity through innovation in agriculture. https://www150.statcan.gc.ca/n1/pub/95 - 640 - x/2016001/article/14816 - eng.htm#shr - pg0. 2022 - 01 - 05.

## 三、现代畜牧业

加拿大的肉牛、奶牛和生猪的数量可观。肉牛以其生长速度、繁育特征和肉质得到广泛认可。近年来,通过利用人工授精繁殖和胚胎移植技术,加拿大所培育奶牛的品种以产奶量高和寿命长著称。生猪以质量优良,肉瘦、体健著称。加拿大农业科技和许多优良品种的引进为我国农业的发展提供了很大的帮助,尤其是对于干旱地区的农业发展极为适用。①加拿大中部地区是全国畜牧业最发达的地区。魁北克省的商业性农场中有一半是大草原三省的牧场及草原,拥有大规模的牛群。

加拿大部分牲畜养殖场使用自动化环境控制技术和自动化动物饲养技术,简化管理流程,提高养殖场运作效率,防止疾病传播,降低饲养成本,提高经济效益,促进畜牧业可持续发展。依靠高效的管理制度、低廉的饲料成本、创新的冷藏技术、严格的检验制度和优良的种畜资源,加拿大畜牧业在国际市场上占有显著的优势。

# 第五节 高科技能源业

加拿大的能源业包括石油、天然气、煤和铀以及新能源的研发与使用等。加拿大能源产业覆盖范围广且种类多,能源产业还包括能源设备的搭建、能源的运输等,这些业务保障能源产品的安全生产与使用。加拿大有丰富的能源资源,油气产量高,能源为加拿大创造了大量的财富。本节将介绍加拿大能源行业的发展情况,尤其是石油、天然气生产、新能源等方面的内容。

## 一、石油天然气

加拿大是世界石油、天然气能源资源最丰富的国家之一。截至2020年1月1日,加拿大剩余探明石油储量为1 697亿桶,仅次于委内瑞拉和沙特阿拉伯,世界排名第三,占世界的9.8%。油砂是加拿大最主要的石油资源,也是加拿大石油工业的代名词,占加拿大剩余探明石油储量的约96%,主要分布于艾伯塔省

---

① 张似青、顾剑新、郁金观:《经济发达国家农牧业发展概况》,中国畜牧兽医学会家畜生态学分会,《中国畜牧兽医学会家畜生态学分会第七届全国代表大会暨学术研讨会论文集》,2008年,第71-78页。

和萨斯喀彻温省。除丰富的石油资源外，加拿大的剩余探明天然气储量和煤炭储量都排名世界前列。

加拿大十分珍惜本国资源，不完全依靠纯出售资源获得利润。加拿大的能源行业为科技密集型产业，利用高科技生产油气。加拿大的油砂在几十年前曾被认为不具有开采价值，后来高科技能源技术将油砂变成了可开采的资源，使加拿大成为世界第五大石油出口国。加拿大虽然出口石油和天然气，但是却大力提倡使用清洁能源，其新能源发电占比大。

## 二、发电业

### （一）风力发电

加拿大的风力发电场主要分布在艾伯塔省、萨斯喀彻温省、安大略省、魁北克省、爱德华王子岛省、新斯科舍省、育空地区7个省和地区，安大略省拥有的风能资源最为丰富。

目前，加拿大最大的风力电站项目建在魁北克省的圣劳伦斯河畔。加拿大政府颁布了《风力发电激励方案》，全国风力发电能力大幅增强。对于新建的风力发电企业，加拿大联邦政府给予部分补贴。

### （二）水力发电

加拿大是世界上环境保护做得很好的国家，水电是加拿大重要的清洁能源。加拿大是世界上最大的水电生产国，年水力发电量接近加拿大全国总发电量的60%，占全世界水电总量的13%以上。这与加拿大丰富的水力资源密切相关，体现出加拿大政府重要的能源战略。

加拿大河流众多，除爱德华王子岛省，各省都有水电装机容量，其中具有代表性的有魁北克省、不列颠哥伦比亚省、纽芬兰-拉布拉多省、马尼托巴省和安大略省。研究技术水平的提升推动了加拿大水电的发展，水电能源和其他能源相比，具有较强的竞争力，但是仍然有一部分新兴的技术亟待研究和开发，包括经济高效的低水头水轮机技术，降低对水产资源影响的减缓技术、生态工程和水产资源保护技术等。加拿大相关设计院和制造厂商正在积极探索，以提高水资源的开发能力。

## （三）太阳能发电

加拿大拥有世界一流的太阳能项目，具有完善的太阳能产业政策、稳定的经济前景以及成熟的资本市场。预计在未来十年内，全球投入太阳能研发的项目中，加拿大将会占据重要的份额。[①]

加拿大的太阳能发电在全球处于领先地位。近年来，全球太阳能电池组件的年均增长率高达30%以上，光伏产业成为全球发展最快的新兴行业，预计到2030年，全球光伏发电装机容量将达到3亿千瓦，到2040年，光伏发电将达到全球发电总量的15%~20%。按此推算，未来数年全球光伏产业的复合增长率将高达25%~30%。

加拿大的家用太阳能系统能在夏季汲取太阳能，储存起来用于冬季供暖，可减排温室气体，满足部分家庭的供暖需求。2020年，特拉弗斯（Travers）太阳能发电厂在艾伯塔省南部开工建设，该厂为加拿大最大的太阳能发电厂，能够为10万多户家庭提供电力。

## （四）核电

加拿大是核工业发展的先驱，在核技术领域拥有80多年的丰富经验，是全球六大核电出口国之一。核工业成为加拿大的优势产业。早在1941年加拿大的核技术研发就已开始。当时，加拿大科学家劳伦斯（Lawrence）设计出了世界上最早的核反应堆之一。1945年，加拿大成为第二个在反应堆中控制核裂变的国家。1962年，加拿大已经能利用核能电厂并联供电。

加拿大核反应堆大多数位于安大略省，核工业覆盖了整个核燃料领域，包含核研发、铀矿开采和燃料制造、核反应堆建设与运营、核废料管理和处理等。加拿大也是全球第二大铀供应国，约占全球供应量的16%以上。据统计，加拿大生产的铀大约85%是供出口的，其余的作为燃料用于加拿大国内的反应堆。坎杜反应堆是全球知名的加拿大核反应堆，其总部位于安大略省，供应链覆盖全国。[②]

加拿大核能安全委员会（CNSC）依据《核能安全管制法》及相关法规，监

---

[①] 王立军：《走进加拿大》，北京：社会科学文献出版社，2012年，第109页。
[②] 国家能源局－中国核能行业协会网站：《加拿大："非主流"核电的市场突破》。http://www.nea.gov.cn/2014-05/13/c_133329235.htm.

管核能发电厂整个生命周期内各方面的运作，规定取得执照的公司要达到有关标准，最大限度地保障加拿大人民和环境的安全。

### 三、可再生能源

顾名思义，可再生能源是指那些正在积极研究和开发推广的新型能源，例如太阳能、水能、风能、地热能、生物质能及潮汐能等。加拿大的自然资源非常丰富，不论是煤炭、石油、天然气的储量，还是水与森林的覆盖面积，都位居世界前列。由于地广人稀，其人均自然资源同样也位居世界前列。作为世界节能新技术开发和应用的先进国家，有效利用能源、实现低碳环保已经成为加拿大的能源国策。

加拿大的太阳能开发已形成产业链。加拿大天空通常比较晴朗，日照时间也较长，因此，加拿大太阳能开发可行性高，政府积极鼓励使用太阳能。在多伦多，太阳能行业的技术人员生产了像油漆涂层一样柔软的塑料，这种塑料可将太阳能转换成电能。加拿大太阳能产业覆盖了整个供应链，从原材料到成品，包括系统集成以及生产设备的制造等，数百家太阳能发电企业带动了加拿大的太阳能发电市场。加拿大太阳能发电企业，以其各种创新领先的科技、产品及服务在国际上占据重要的市场份额。

加拿大的风能行业发展迅速。在加拿大东部面朝大西洋方向有许多随风转动的现代化风车，这是加拿大颇具特色的风力发电设备。加拿大拥有丰富的风力资源，风电产业是促进本地经济发展和创造就业机会的重要途径，为了吸引对风电制造业的投资，政府制定了相关优惠政策。

加拿大实现了水资源循环再利用。加拿大拥有全世界大约9%的可循环水资源，但加拿大60%的淡水资源在北部，而加拿大90%的人口居住在南部，因此加拿大制订了水资源循环利用计划，想方设法把北部的淡水资源引到人口密集的南部。部分地区会把雨水收集起来，街道下面有两条管道，一条排废水，一条收集雨水。雨水收集后可进行二次利用，例如用来洗车或灌溉等。加拿大开发了一些项目来收集屋顶上的雨水，这些项目的建设能有效节约水资源。

目前，加拿大新能源电动车高速发展。加拿大的新能源电动车展是北美电动汽车行业最大的电动车展，包括展览和比赛等重大活动，是展示智能电动车、混合动力和插电式混合动力电动汽车技术的平台，旨在满足电动汽车行业目标客户的需求，展示新产品和新技术。为提高新能源汽车的市场份额，增强新能源汽车市场活力和减少环境污染，加拿大政府对电动汽车和氢燃料汽车的市场销售环节采取了免税、补贴等多项措施。

加拿大国家能源委员会的报告显示，加拿大全国的发电量中，可再生能源发电占比高，这表明加拿大已迈入世界可再生能源发电国家的前列。加拿大的水力发电大部分运用了大型机组，这种类型的水电是加拿大发电行业的重要组成部分，能够有效节省能源。未来在加拿大西海岸有望实现大规模的地热能源发电，北部地区也正在计划实施热电联产的地热发电项目。可再生能源绿色清洁，低碳排放，安全环保，符合时代发展的需求，可再生能源的研发和使用将在加拿大和世界范围内不断推行。

# 本章小结

加拿大航空航天业、信息技术与量子计算、先进制造技术、农林牧业、新能源等方面的卓越成就，彰显了加拿大雄厚的科技文化实力。加拿大重视科学研究与应用，在很多领域取得了世界领先的科技成果。

近年来，加拿大科技产业蓬勃发展，强有力地推动了加拿大整体国力的提升，提高了国民的幸福指数和生活水平，创造了大量的财政收入与高科技行业的就业机会，吸引了世界各国人民到加拿大学习、定居。

**思考题**

1. 加拿大航天业取得成功的原因有哪些？请结合教材和课外资料详细分析。
2. 请简述加拿大计算机技术的发展历程。
3. 加拿大的传媒行业发展现状如何？
4. 习近平主席2020年在气候雄心峰会上提出了哪些倡议？加拿大在通过哪些方式或技术推进低碳经济发展？作为当代大学生应如何在新时代推动"绿色发展"？
5. 人工智能的关键技术有哪些？简述加拿大和中国的人工智能发展趋势。
6. 加拿大新能源行业的发展现状有哪些？请介绍我国新能源行业发展的重要举措。

**本章推荐阅读**

1. 爱德华. 琼斯－伊姆霍特普, 蒂娜. 阿德考克：《加拿大现代科技之路》，薛卓婷、张晓霞、曹湘洁译，北京：中国科学技术出版社，2024年。

2. 曹恒忠：《加拿大科学技术概况》，北京：科学出版社，2006年。

3. 顾洁：《全球人工智能产业发展报告》，北京：社会科学文献出版社，2020年。

4. 莱蒙：《读懂加拿大的第一本书》，董丽莉译，北京：中国铁道出版社，2013年。

5. 唐小松：《加拿大蓝皮书－加拿大发展报告》，北京：社会科学文献出版社，2019年。

6. 王立军：《走进加拿大》，北京：社会科学文献出版社，2012年。

7. 张鹏：《不可不知的加拿大史》，武汉：华中科技大学出版社，2019年。

8. Pierre Langlois, Genevieve Gauthier. *Canadian Energy Efficiency Outlook: A National Effort for Tackling Climate Change*. Florida：River Publishers；CRC Press, 2020.

# 第六章　加拿大教育

加拿大在公共教育领域表现出色，这与政府的高度重视、巨额教育资金投入密不可分，也与加拿大公共教育长期的体系化、专业化发展模式以及与时俱进的教育理念关系紧密。目前，加拿大90%以上的学生就读于公立学校，本章第一节和第二节将以公立学校为例，简要介绍加拿大公共教育（学前和中小学教育）的制度与结构特点。

加拿大的高等教育极为普及，教育水平很高。高等院校分为两类：一类是可以授予学位的大学（universities）；另一类是为学生提供职业技术教育的社区学院或职业技术学院（colleges），往往被统称为社区学院。目前，加拿大有223所大学，其中96所为公立大学，即接受政府资助的非营利性高等教育机构。其中不乏世界领先的研究型大学，如多伦多大学、麦吉尔大学（McGill University）、不列颠哥伦比亚大学（University of British Columbia）等。最初的大学和社区学院培养目标截然不同，大学拥有学位授予资格，而社区学院没有学位授予资格。大学与社区学院之间的关系也因省而异。在某些省份，如不列颠哥伦比亚省、艾伯塔省和魁北克省，社区学院开设大学预科或大学转学课程；而在其他省份，如安大略省和马尼托巴省，大学和社区学院属于并列的两个体系，不能转学。本章第三节和第四节将分别介绍加拿大的大学教育和高等职业技术教育。

## 第一节　加拿大学前及小学教育

2021年11月10日，联合国教科文组织在第41届大会上发布报告《共同重新构想我们的未来：一种新的社会教育契约》（Reimagining our futures together: A new social contract for education），反思并展望未来的教育教学方式。报告指出：教育可以视为一种社会契约——一种社会成员间为了共享的利益而合作达成的默示协议。确实，从本质上说，教育是一种共享共创的行为，为公共目的服务，以满足和平、公正、可持续的未来的共同需求。提到公共教育，加拿大的质量和水平在全球名列前茅。根据经济合作与发展组织（Organization for Economic Cooperation and Development，简称经合组织）在 2020 年发表的《教育概览 2019》（*Education at a Glance 2019*），加拿大在教育经费投入、教育资源均衡配置等方面的表现极为出色，在 16 个大国中排名第六；加拿大学生在经合组织国际学生评估项目（Program for International Student Assessment）中，阅读、科学、数学等领域的表现均远高于经合组织平均水平。

加拿大公共教育体系的确立和发展，与这个多民族、多元文化国家的形成进程相伴而行。众所周知，加拿大是一个移民国家，原住民主要是印第安人和因纽特人，16、17 世纪方才出现较大规模的欧洲移民定居潮，近年来，欧裔白人在全国总人口中的比例保持在 70% 左右。正是由于这一历史原因，加拿大的教育制度受欧洲以及近邻美国影响巨大。同时，结合本国的政治、经济、文化等的发展特点，加拿大实施了免费、全民的公共基础教育，为儿童和青少年提供良好、均衡的教育资源，以维护社会公平，创造公共利益，增强民族竞争力。

与中国由教育部主持各省、直辖市及自治区的教育事务不同，加拿大联邦一级未设教育部，也没有统一的教育制度，而是由各省的教育部门负责该省的基础教育立法和管理，如制定拨款政策、确立学校管理机构、提供教育指导和监督等。

目前，加拿大各省公共教育课程体系大同小异，主要包括从幼儿园（约 5 岁）到十二年级（约 17~18 岁）的学前、初等和中等教育三个阶段。在这三个阶段，加拿大始终秉持"以学生为中心"的教育理念，注重儿童及青少年的发展规律和各阶段的学习需求，帮助学生发现自己的兴趣和优势。

## 一、学前教育

位于经济发达国家之列的加拿大向来被誉为儿童的乐园和天堂。一方面，加拿大的公共教育资源配置均衡统一，学生在各升学阶段基本没有考试压力；另一方面，政府、社会及教育机构普遍重视学前教育，从学前教育理念的更新，到具体的法规制定和指导，再到家庭和社会的参与，学龄前儿童可获得充分的学习和发展机会。

加拿大主要的早教理念是蒙特梭利教育理论。20 世纪著名的意大利幼儿教育家玛利亚·蒙特梭利（Maria Montessori）倡导根据幼儿的身心特点开展教育工作，关注幼儿的个体学习、互动学习、在生活中学习。这一理念在西方已发展近百年，时至今日已很成熟。同时，为切实保障幼儿的健康发展，加拿大政府还出台了一系列幼儿教育全国指导性大纲及儿童福利政策，各省也制定了相应的早期教育全面发展策略，将"以幼儿为本、尊重幼儿天性"的教育理念在园区布置、课程设置等各个环节都落到实处。

以加拿大人口最多的安大略省为例。安大略省的公立幼儿园一般附设在小学内，由小学统一管理，学前班一般为期一年。与小学开展的学科教育不同，幼儿园主要实施的是针对幼儿特点的生活教育。首先，按照幼儿环境安全、健康、环保的要求，安大略省对园区的硬件设施作了明确要求。如2016年多伦多市出台了《幼儿园硬件设计技术指南》，对幼儿园的教学、吃住、游戏空间进行定量化管理和功能分区，营造真实、温馨、充满爱意的氛围。根据蒙特梭利教育理念，幼儿来到一个陌生的新环境时，往往因为没有足够的安全感而变得怯弱和不安，因此，提供温暖安全的环境，能帮助幼儿尽快地适应园区的生活；此外，通过让真实的生活环境与教学相协调，发挥环境的隐性教育功能，能使孩子们进行自由探索和沉浸式学习，为未来的发展奠定坚实的基础。其次，课程设置以人为本，自由成长和规则意识并重。蒙特梭利认为，儿童存在与生俱来的"内在生命力"，生长即"内在生命力"的发展和显现。在这样的教育理念指导下，安大略省的幼儿园通常不设统一的教学计划，教师随时留心儿童的实际生活和表现，关注他们的需求，提供适合个体发展的资源，及时给予引导、帮助和鼓励。在尊重幼儿个性的同时，也非常重视培养幼儿的规则意识和行为习惯，鼓励幼儿参与社会生活，体验和理解基本的社会行为规则，促进幼儿社会性的发展。

## 二、小学教育

加拿大基础教育包括小学和中学。中小学一般是六三三学制，其中，小学六年（1~6年级），初高中各三年（7~12年级）。各省略有不同，如不列颠哥伦比亚省初中两年、高中四年；魁北克省学生高中学习完成之后需进行两年预科学习，方可进入大学。

加拿大地广人稀，这一特点直观地体现在学校和班级规模上：学校规模不大，一所小学的学生数量一般为两三百人，初中为六七百人，高中为八九百人，每班约二十名学生，便于进行小班化、个性化教学。

在教学环境上，加拿大教育践行美国实用主义教育家约翰·杜威（John Dewey）"教育即生活，学校即社会"的教育理论，倡导学校生活遵循学生身心发展规律，与社会生活相契合。在加拿大，校内环境和校外社会环境一体化，两者相互影响，学校不仅是教学机构，也是当地社区的重要活动场所；在班级设置上，小学通常采用常规班和"混龄班"的编班方式，有助于培养学生的人际交往和社会活动的能力；在教室环境的布置上，充分体现多元文化的特色，促进不同文化背景的学生和睦共处。

小学教育是学科学习的开端。加拿大的中小学课程既有学科课程，也有实用类课程。学科核心课程包括语言、数学、科学（除数学外的自然科学知识，如物理、化学、生物等）、社会学（如历史地理知识）等，实用类课程包括家政课、园艺课等。学科课程有教学大纲，详细说明各年级的教学内容和学生要达到的标准，一般没有统一的教材，而是由教师选择合适的教学材料安排教学进度。各项实用技能的训练一直是加拿大教育重视的内容，这些课程设置呈多样性、动态化特点：一方面，课程丰富多样，学生选择空间大；另一方面，学校根据社会发展需要和各地经济特点，开发相应的课程，如互联网时代，各小学纷纷开设信息类课程、网络课程等，帮助学生获得相关技能和经验。

在课堂教学方式上，加拿大从小学开始就强调主动、探索式、实用性的学习，而不是被动的填鸭式教育；注重学习过程而不是分数。以语言学习为例。语言课程没有听写、造句、概括段落大意等要求，而是以阅读为教学重点，采用探究式教学方式，课前学生阅读指定的材料、思考问题、在图书馆查阅资料，以备课堂讨论或辩论。从培养学生的阅读能力和兴趣着手，锻炼学生的发散式思维能力、书面及口头表达能力。同时，教师注重把书本知识和日常生活相融合，做到知识融贯于现实，强调知识的实用价值。此外，课堂教学和课外教学也并非泾渭分明，一些社会公共场所，如图书馆、博物馆、科技中心等也是提供教学的重要场所。值得一提的还有小学的体育和艺术课程，这两门课程在加拿大绝非边缘课程，而是学习规则意识、培养团队精神、接受艺术熏陶的重要途径。总之，加拿大的小学教育旨在使学生既获得丰富的知识，又善于思辨；既强调遵守规范，培养良好的品格，同时也赋予学生很高的自由度，让他们充分发掘自己的潜能。

## 第二节 加拿大中学教育

作为初级教育与高等教育的衔接,加拿大中学教育的目的是一方面使学生掌握学科专业知识,另一方面在个体兴趣的基础上,锻炼和发展职业技能。相应地,学校提供了丰富的必修课程和选修课程,帮助学生做好深造和就业的准备。

必修课是基础的文化课程,各省要求基本一样,包括语言、数学、社会学、科学、体育、艺术等。选修课一般分为商科、自然科学、社会科学、技术等。此外,学校还有丰富的体育项目和学生活动。学校开设课程丰富,系统性和学科性相结合,同一门课提供多个档次和级别,以适应学生的不同需求;学术教育和职业教育相结合,学生在高中阶段根据自己的爱好和未来的发展构想进行选择,这样不仅可以学到扎实的知识,更重要的是能够学以致用,提前适应社会。

在加拿大,从小学到中学的教育中,非常明显的一大特点是给予学生的自由度和选择权越来越大,学生逐渐掌握学习的主动权。课堂教学中,学生成为学习的主体,教师从旁协助和引导学生学习。其中,人文课程主要以课题研究形式进行,学生可单独或组成团队,通过提出问题、查找资料、调研、讨论、归纳总结观点、进行展示等步骤来完成课题;而在理工课程中,学校更重视的是学生的实际运用能力,学生有更多的动手做实验的机会。在班级设置上,小学与中学也有明显的不同:小学有固定的班级和教室,初中虽有固定的班级,但教室不固定,学生到不同的教室上不同的课程,高中则像大学一样不再有固定的班级,课堂按科目分配,学生按所选课程去不同的教室上课。

加拿大从小学到中学没有升学考试,学生就近入学或直升,升学压力较小。但是各省对高中毕业都有学分、毕业会考或社会服务等方面的要求。例如,在安大略省,每一门课是1个学分,学生必须在高中阶段完成30个学分的课程学习,这30个学分中18个是必修学分,12个是选修学分,学生还需参加安大略省统一的高中文学水平测试(Ontario Secondary School Literacy Test),并完成40小时志愿者服务。不列颠哥伦比亚省每一门课2.5~3个学分不等,对高中毕业的学分要求是获得80个以上学分,其中48个是必修学分,28个是选修学分,4个是教育与职业目标相关的学分,且需完成30小时以上社区义工的工作。

加拿大没有统一的大学入学考试,大学录取以学生的高中阶段学习成绩和社会实践履历为主,其中学习成绩是一个综合性的评定,由平时的作业、测试、课题参与及演示、出勤等多个因素组成。可以说，从进入高中开始，学生每一天每一堂课的表现都直接关系到最终的学习成绩，这极大地提升了学生学习的兴趣和热情。

此外，在学校的管理上，加拿大鼓励家长和社区参与，已形成家校一体、学校和社会一体的良性互动管理模式。家长和社区参与和监督学校事务，促进了家校在学生教育上的密切配合，也使得学校的课程设置、教学内容和目标等与社区发展联动，切实满足社会的需要。

## 第三节　加拿大大学教育

加拿大各省和地区的面积及人口差异很大，高等教育规模和基础设施也存在巨大差异。加拿大最小的省爱德华王子岛省，总面积5 660平方公里，总人口约15万。该省只有一所大学和一所社区学院，2021年高等教育在校生人数为8 505人。而面积第二大的安大略省，其人口约1 422万，是加拿大第一人口大省，拥有加拿大最大的高等教育体系，有20所公立大学、24所社区学院，还有私立大学、神学院、私立职业技术学院等，在校学生超过90.7万人。

### 一、大学教育发展简况

从历史上看，加拿大曾经是法国和英国的殖民地，其大学的创办往往沿用美国文理学院、耶稣会古典学院、法国和比利时的天主教大学、苏格兰大学、牛津大学、剑桥大学和伦敦大学的模式，到20世纪初，又受到美国州立大学体制的影响。

1608年，法国在魁北克建立第一个加拿大永久性欧洲殖民地。该殖民地的扩张极为缓慢，到1628年仍只有65名居民，到1673年人口也仅为6 705人。在法国殖民时期，罗马天主教会承担起开办教育的责任，通过学校和宗教皈依"教化"原住民，强迫原住民接受欧洲殖民者的价值观、文化、习俗和宗教。耶稣会士于1635年创办了加拿大第一所中学——魁北克学院（the Collége de Québec）。直到1760年，该校都是法国北美洲殖民地唯一的一所中学。魁北克学院为学生开设一些高等教育的内容，如古典学课程和其他一些高级课程。真正意义上的第一批大学的出现则在一个多世纪以后：1789年，在新斯科舍省的温莎开办了加拿大第一所国王学院（King's College）；1800年，在弗雷德里克顿（Fredericton

建立新不伦瑞克学院（the College of New Brunswick）；1821年，在蒙特利尔成立麦吉尔学院（McGill College）；1827年，在约克（即现在的多伦多）建立国王学院（即后来的多伦多大学）。

1840年后，许多直接隶属于新教各教派的学院陆续建立，包括1836年由卫理公会开办的维多利亚学院（Victoria College）、1838年由浸信会设立的阿卡迪亚学院（Acadia College）和1841年由长老会设立的皇后学院（Queen's College）。

1867年加拿大自治领成立时，各大学的招生人数共约1 500人，而且只有5所大学的学生人数超过100人。大学教育也不是当时联邦政府公共政策的重要议题，因为当时大多数大学都是教会资助的私立学校，少数公立大学主要靠捐赠维持。1867年，加拿大联邦政府成立后，颁发了《英属北美法案》，将开办教育（包括高等教育）的责任赋予各省或地区。在早期，各省采取了截然不同的办学方法。在魁北克法语区，罗马天主教会继续在教育领域发挥主要作用，而安大略省在联邦政府成立一年后，就决定只为世俗大学提供政府财政支持。

直到20世纪初，加拿大大学教育的特点仍然是学校规模小，由不同机构创建，性质有公立、私立、世俗、教会之分，但私立教会大学是高等教育的主要学校类型。大学招生人数很少，少数公立大学获得的政府财政支持也很有限，而且当时民众认为公立大学的作用是服务政治精英阶层。大学的创办机构与政府之间的关系模糊，责任界定不清晰，对大学的管理不利。联邦政府决定对大学的内部管理进行规范，学术政策由大学的学术委员会负责，而整体管理则由董事会实施。西部新省份及其他各省新建立的大学普遍采用这种学术委员会加董事会的治理模式，如创建于1877年的马尼托巴大学（University of Manitoba）、1906年的艾伯塔大学（University of Alberta）、1907年的萨斯喀彻温大学、1908年的不列颠哥伦比亚大学（University of British Columbia）等。多数大学以教学为主，也有少数学校逐渐开展广泛的研究活动，开设研究生课程，麦吉尔大学（McGill University）和多伦多大学更是这方面的佼佼者。

第二次世界大战后，高等教育迅速大众化。"退伍军人福利计划"（The Veterans Charter）为符合条件的退休士兵提供免费接受大学教育的机会，学费和基本生活费由联邦政府支付。1945—1946年，约2万名退伍军人进入大学学习，加拿大大学的招生人数增加了46%。在1941—1951年的十年间，即使不将退伍军人计算在内，大学入学率也增加了近70%。联邦和省级政府也大幅度增加财政支持，以满足快速发展的高等教育需求。到20世纪70年代初，每个省都形成了独特的高等教育体系，其中包括大学和社区学院。

## 二、大学教育的经费来源

高等教育办学自主权在于各省和地区。虽然各省实施的高等教育政策有所不同，但普遍支持大学的高度自治。无论是程序上还是实质上，各大学可以决定其办学目标和办学政策。联邦政府则与各省或地区政府合作，为大学教育提供各种支持。统计数据显示，2018—2019年加拿大高等教育机构（包括大学和社区学院）的总收入达到415亿加元，其中45.8%来自政府拨款（包括联邦政府和省级政府），而学生学费仅占29.4%。联邦政府对大学提供的财政支持主要包括以下三类。

首先，联邦政府为大学提供直接资金支持。

早期的政策是联邦政府直接为各大学提供资金支持。1951—1952年，联邦政府直接拨款700万加元用于资助高等教育。1956年，圣洛朗总理（Louis Stephen St. Laurent，加拿大第16任总理）宣布扩大联邦对大学的资金支持力度，以支持高等教育的持续发展。

联邦政府直接资助大学，引起某些省份的抗议。以安大略省为例。该省的政策是世俗大学才能获得政府支持，而联邦政府的直接资助对象既包括世俗大学，也包括教会大学，这让安大略省的教育管理机构很不满。魁北克省的反应更为激烈，认为联邦政府干涉了宪法规定的省级责任领域，强烈要求该省的大学在1952年拒绝联邦政府资助，大学的收入损失由省级政府拨款弥补。此后联邦政府将资助方式由对大学直接拨款改为向各省拨款，继续通过一系列政策参与高等教育的发展。

至20世纪70年代初，加拿大高等教育经费每年增加迅速，但其后加拿大遭遇经济衰退，税收下降，大学从联邦政府获得的资助也大幅度下降。面对财政压力，大多数省份开始削减对大学教育的资助，但各省做法各不相同。艾伯塔省和安大略省进行了根本性改革，缩小政府对大学教育的资助规模。安大略省还重新调整学费，增加各项收费。由于缺少统一的全国性高等教育政策，各省的大学收费情况开始出现显著差异。魁北克省继续维持较低学费，而安大略省和新斯科舍省等省份严重依赖学生学费维持办学，安大略省还试行市场化战略，提高各学校之间的竞争，并鼓励私人资本参与资助公立大学。

其次，联邦政府通过省级政府为学生提供资助。

联邦政府在为学生提供经济资助方面发挥着重要作用。1939 年起加拿大推行一项自治领、省学生援助计划（Dominion-Provincial Student Aid Program），并于 1964 年扩大范围，更名为"加拿大学生贷款方案"（Canada Student Loan Program），为经济困难的学生提供政府担保贷款，但具体实施方案由各省自行决定，将之与省级学生贷款和助学金政策协调实施。1998 年联邦政府宣布成立加拿大千禧奖学金基金会（Canada Millennium Scholarship Foundation）。该基金会是一个独立的非营利性机构，联邦政府为该基金会提供了 25 亿加元的捐赠资助。从 2000 年开始，千禧奖学金基金会实施了一项为期十年的资助方案，大部分资金用于为学生提供助学金。

早在 1972 年，联邦政府启动了一项注册教育储蓄计划（Registered Education Saving Program，简称 RESP），鼓励家庭存钱以支付孩子的教育费用，允许家长开设一个特殊储蓄账户，免征利息税，但只能用于支付高等教育费用。

最后，联邦政府为大学的研发项目提供支持。

联邦政府积极投资参与高等院校的研发活动，初期主要由联邦政府下属的各研究委员会负责资助大学的科研活动，20 世纪 80 年代随着国家卓越中心（National Center for Excellence）的成立，联邦政府更重视对具有战略意义的领域进行研发投资，并大力促进校企合作。

20 世纪末加拿大联邦政府出台了两项新举措，继续加大对高校的科研资助。第一项是实施加拿大研究席位计划（Canada Research Chair，CRC），新设 2 000 个研究席位，其中一半多被分配给少数研究密集型大学，以防止人才流失并吸引国际领先人才加入。第二项是创建加拿大创新基金会（Canadian Foundation for Innovation，CFI），侧重于科研基础设施建设。

## 三、大学的学制和分类

完成 12 年小学和中学学业的学生可以申请进入大学或社区学院学习。而在魁北克省，中小学教育的学制只有 11 年，学生进入大学之前需先就读普通与职业教育学院并获得学位。大多数普通与职业教育学院提供两类课程，即为大学入学做准备的"普通"课程和为进入就业市场做准备的"职业培训"课程。

大多数加拿大大学，尤其是位于大城市的大学，提供非常全面的课程，还有一些特殊大学提供函授课程或开展远程教学。

大学的学位课程分为三个阶段——学士学位、硕士学位和博士学位，但不是所有大学都有研究生（硕士和博士）课程。

大学本科课程学制为三到四年，因专业方向和所在省份而有所差异。在有些省份，完成三年学业后学生可获得普通学士学位，荣誉学位则需四年。在其他省份，无论普通还是荣誉学士学位，学制皆为四年。

获得荣誉学士学位后，可修读硕士学位，学制为一到两年，有些硕士学位要求完成毕业论文或实习。博士学位学制为三年，但大多数学生需要四到五年时间才能完成博士学业，其间学生除完成要求修读的课程外，还需做研究、撰写论文和答辩。

此外，不列颠哥伦比亚省的社区学院开设两年的普通高等教育课程。学生修完大学一、二年级课程后，可获颁授副学士学位。其后学生可转入大学或可颁发学士学位的学院，继续修读大学三、四年级的课程，获得学士学位。

## 第四节　加拿大高等职业技术教育

高等教育已成为加拿大国家经济和社会发展中的重要公共投资领域，在促进现有大学的发展并开办新院校的同时，加拿大还为满足劳动力市场对新技术和职业技能培训的需求，开设职业培训机构。加拿大的中学后职业教育和培训（Vocational Education and Training，简称 VET）以培养实用、适用人才为原则，紧紧围绕市场需要的专业人才，自行规划专业设置；从办学性质上可分为公立和私立两大类，包括社区学院、大学附属的学院、公立和私立职业技术学院以及企业开设的职业技能培训机构。加拿大的中学后职业教育和培训以公立机构为主导力量，但各省或地区的办学目的存在显著差异。例如，在不列颠哥伦比亚省和艾伯塔省，社区学院提供全面的职业培训课程和大学转学课程，学生可以在社区学院完成两年学习后，转入大学继续学习。在安大略省，社区学院往往被称为应用艺术与技术学院，开设全面的职业课程，包括一系列三年制文凭课程，但学生不能转学进入大学。而在其他一些省份，社区学院仅提供一系列短期技术培训课程。总的来说，加拿大职业教育在办学形式上采取学历教育和非学历教育相结合、普通教育和继续教育相结合、全日制教育和短期培训相结合、理论教育和技能教育相结合的形式，形成了多元化、多规格的办学体系。

### 一、加拿大中学后职业教育和培训发展概况

加拿大的中学后职业教育和培训，即高等职业技术教育，其开端可以追溯到

1663 年左右。当时罗马天主教会在魁北克开设职业技术学校，教授橱柜制作、木工、砖石、屋顶、制鞋、裁缝等行业的基本技能，还提供雕刻、绘画等艺术培训课程，为新生的殖民地培训技术人才。后来这种做法在魁北克地区推广开来，将学校教育和职业培训联系起来，但总体影响不大，大多数人仍将教育视为学术活动。直到19世纪，职业技术教育才得到初步发展。1838年和1864年，新不伦瑞克省的圣约翰和不列颠哥伦比亚省的维多利亚分别建立了机械学院。

　　1867年《英属北美法案》的颁布促进了职业技术教育的进一步发展。其后建立的职业技术学校中有两所很有名：1872年成立的哈利法克斯海事学校（Halifax Marine School）和1876年由安大略艺术家协会（Ontario Society of Artists）成立的安大略艺术学校（Ontario School of Art）。1880年，职业技术学校数量继续增加，魁北克省已有13所职业学校，1884年还为西北地区（即现在的萨斯喀彻温省和艾伯塔省）的原住民设立工业学校。19世纪90年代中期，加拿大经济环境更为改善，需要更多技术人才才能更好地与其他工业化国家竞争，大力推进职业技术教育已迫在眉睫，其后联邦政府出台了一系列政策和资金扶持计划，极大促进了职业技术教育的发展。

## 二、职业技术培训体系的经费来源

　　加拿大联邦政府由10个省和3个地区组成，开办教育属于每个省和地区的职责，来自省级的直接拨款占高等教育（大学和学院）经费的80%以上，加拿大联邦政府通过各种方式提供资金援助，包括向各省和地区统一划拨资金，或对大学和学生提供直接经济支持。居住在保护区的加拿大原住民的教育资金也由联邦政府提供。

　　早在1910年，受欧洲和美国工业化国家技术教育课程的影响，考虑到全国技术教育的一致性，在劳工部长威廉·里昂·麦肯齐·金（William Lyon MacKenzie King）的努力下，加拿大联邦政府成立了皇家产业培训和技术教育委员会（Royal Commission on Industrial Training and Technical Education）。这是加拿大第一个联邦教育委员会，其职责范围广泛，涉及各级职业教育的方方面面，强调联邦政府需要为职业教育提供大量资金支持。

　　1919年，联邦政府通过了《技术教育法》（Technical Education Act），由联邦政府承担职业教育支出的50%，此后的10年间各省共获得1 000万加元的联邦拨款。1939年的《青年培训法》（Youth Training Act）和1940—1946年期间实施的《战时紧急培训方案》（War Emergency Training Program）为军工企业和武装部队提供技术培训，该方案花费近 2 400 万加元，接受培训人数达 30 多万。

第二次世界大战后，联邦政府继续支持技术教育。1960 年的《技术和职业培训援助法案》（Technical and Vocational Training Assistance Act）为职业教育提供大量联邦资金，旨在帮助各省和地区更新和增添职业技术培训设备，修建新的职业高中、技术学院和成人培训中心，在此后的 10 年间投入 20 多亿加元。

## 三、加拿大中学后职业教育和培训系统的模式

在加拿大的大部分地区，中学后职业教育和培训课程主要分为两类：学徒制和职业教育学院课程。一些私立职业技术学院也提供职业培训课程，但因为没有政府经费资助，其主要收入来源为学费，收费远远高于公立学校。2009—2010 年，加拿大学徒制学员人数和高等职业技术学院的在校生人数仅为 80 万人，而同期大学和普通专科学院的在校生人数约为 120 万。上述 80 万人中，参与学徒制和就读高等职业技术学院的人数大致各占五成。

首先要提及的是加拿大的学徒制和红印章计划（Red Seal Programme）。20 世纪 80 年代以后，以英国、德国、澳大利亚、加拿大等为代表的西方国家，率先尝试将传统师徒"传帮带"融入现代学校职业教育，形成了现代学徒制。现代学徒制旨在帮助初入职场的年轻人实现从学校教育到职业工作的平稳过渡，并为雇主提供高质量的熟练工。同时，学徒培训也可以作为国家职业资格认证的重要依据，促进年轻人通过学习、实践获得更高水平的职业发展。对企业来说，学徒制节约了企业的新职员培训成本，提高了企业效率与收益，为企业带来源源不断的高质量劳动力，因此非常受雇主市场欢迎。学徒制主要集中在建筑和工业领域，也存在于一些服务行业，如发型师、幼儿教育等。

学徒制职业培训受各省和地区监管，由各行业确定培训和认证标准，联邦政府的作用是确保劳动力的跨省流动顺畅，并推出了红印章计划。这项计划为学徒和雇主提供各种支持，并已成为公认的加拿大全国性职业认证标准，主要由加拿大学徒理事会（Canadian Council of Directors of Apprenticeship，简称 CCDA）负责监督管理。80% 的学徒制学员集中在政府指定的红印章认可行业，学员通过全国考试后能在所有省和地区就业，因此红印章计划促进了学徒制的良性循环发展。

学徒制培训约 80% 的时间是在工作地点进行的，20% 的时间是学员每年到当地职业技术学院集中学习一次。学徒期限通常为 2～5 年，每年有 4～12 周的脱

产教育。学徒期满后学员获得行业从业资格。学徒制培训结束后，薪水收入的增加因行业而异。在建筑行业，完成学徒制培训的工人总体收入比高中毕业生高13.8%，相对其他行业，其收入增加最为明显。总体来看，约四分之三的学徒制培训完成者的年收入高于加拿大的年收入中位数。

从严格意义上看，学徒制培训不是正式的高等教育，不要求学徒完成高中学业，但事实上越来越多的行业是要求学徒完成高中学业的。从现实情况看，大多数注册学徒的年龄在 20～34 岁，比大学生年龄偏大，且被视为员工而不是学生。

学徒制可以有效地对工人进行职业培训，但也有许多人通过其他方式获得行业从业资格，主要是参加红印章资格考试。获得红印章证书的人员中，约40%没有参与学徒制，而是通过积累必要的工作时间并通过红印章资格考试取得从业资格。

总体而言，学徒制的优点是产业驱动培训，雇主参与培训系统。缺点是学徒制模式仅适用于相对有限的某些领域，主要是制造业和建筑业。且与其他经合组织国家相比，在加拿大，已毕业的学徒获得更高专业资格认证的途径很少。

第二种接受中学后职业教育和培训课程的方式是进入社区学院和职业技术学院学习。

加拿大的社区学院和职业技术学院为毕业者颁发的证书类型有三种：一年制学习证书、两年制技术文凭和三年制专科文凭。社区学院和职业技术学院都提供高等教育和非高等教育课程。魁北克省有所不同，该省中学学制比其他省少一年（5 年），学生进入大学学习，需强制性完成大学预科课程。魁北克省的普通与职业教育学院不收学费，学生可以修读两年制的大学预科课程或三年制的职业技术课程。

加拿大的社区学院和职业技术学院多为公立性质。加拿大的公立大学可制定自己的录取标准和学位要求，但对于公立的社区学院和职业技术学院而言，政府可以参与其招生政策的制定、办学准入、课程设置、机构规划、工作条件监管等各方面工作。此外，每个省还有私立的技术或职业培训学院，规模不等，从提供短期课程（如英语、发型设计、公共汽车驾驶等）的小型家族企业到私立职业技术学院都有。各省对这类私立学校的政府监管力度也不同。总体而言，政府对公立职业学院的监管更严。根据 2015 年的数据，加拿大获得政府认可的公立职业技术学院有 131 所，私立职业技术学院 25 所，另有 35 所私立学校获得授权，可开设特定的高等职业教育课程。

职业技术学院的大多数课程都是先到先得，有些课程有最低要求。私立职业技术学院数量众多，一年的招生人数约为11.5万人，而每年的职业技术学院总招生人数约为80万人。职业技术学院开设的课程大多为商业、工程、健康、建筑等方向。毕业生的平均收入相对于高中毕业生要高15%到20%，约三分之一的职业技术学院毕业生升入大学继续学习。

还有一些大学与企业合作，提供尖端或高科技领域的定制培训服务，为学生进入贸易、工业、农业或技术领域做好准备。完成一年制课程（学习时间为24～30周）的学生可以获得证书或认证，完成两到三年制课程的学生可以获得文凭。也有一些课程是四年制，但其本质上已经属于普通教育，而不是职业教育。

最初的社区学院和职业技术学院通常只颁发文凭和证书。20世纪90年代开始，加拿大有些省份决定允许职业技术学院在保证质量的情况下授予学位，以增加弱势群体获得大学学位的机会，从而为学生提供更多选择。例如，1995—1996年，艾伯塔省就启动了一个示范项目，社区学院和职业技术学院可以授予应用学位。2000年，安大略省立法批准社区学院和职业技术学院可以授予某些领域的应用学位。迄今，加拿大一半的省已批准一些职业技术学院拥有某种有限形式的学位授予权。不列颠哥伦比亚省将一些社区学院转变为大学，然后将这些大学重新定位为教学型机构，为学生提供一系列本科课程，但同时也开设职业培训课程。艾伯塔省也有两所社区学院转为大学，侧重于教学。安大略省立法批准应用艺术与技术学院可以提供应用型学位课程。

## 本章小结

对每个国家来说，基础教育涉及千家万户，承载着国家的未来。作为科教大国，加拿大经过上百年的持续发展，形成了一套优良完善的公共基础教育体系。以公平、可持续、以学生为中心作为指导原则，加拿大的基础教育旨在提供平等均衡的教育资源，充分尊重学生个性，帮助学生开发潜能，使他们得以施展才华，真正融入社会。

加拿大幅员辽阔，有着三个多世纪的殖民历史，加之其英法双语文化的特点，使得加拿大的高等教育特色鲜明。加拿大是教育强国，拥有出色的教育基础设施和教育机构，其高等教育分为公立和私立，公立学校主要由政府公共财政提供资金，而私立机构主要依靠收取学生学费和其他费用维持。加拿大的大学大多是公立学校，以提供学位课程为主，社区学院主要开设职业技术培训课程。

加拿大的高等教育极为分散，联邦政府虽在支持大学研究和学生资助方面发挥重要作用，但不制定全国性的高等教育政策，也未设立全国性的高等教育质量评估或认证体系。高等教育由各省负责主办，不同省份有着不同的体制结构和监管安排。

**思考题**

1. 加拿大公共基础教育的基本结构是什么？
2. 简述蒙特梭利早教理念。
3. 加拿大中学教育有哪些主要特点？
4. 简述加拿大大学教育的特点。
5. 简要比较加拿大高等职业教育中的学徒制和社区学院教育的特点。

**本章推荐阅读**

1. Joshi, K. M & Paivandi, Saeed, eds. *Higher Education across Nations*, Delhi: B. R. Publishing, 2014.

2. 杜威：《民主主义与教育》，王承绪译，北京：人民教育出版社，1990。

3. 符华兴、王建武：《世界主要国家高等教育发展研究》，长沙：湖南人民出版社，2010。

4. 胡军、刘万岑：《加拿大基础教育》，上海：同济大学出版社，2015。

5. 强海燕、郭葆玲：《北美大学人文课程研究》，广州：暨南大学出版社，2012。

6. 朱文富、何振海：《外国短期高等教育史》，北京：人民出版社，2019。

# 第七章 加拿大民族

加拿大是一个移民国家，不同的民族生活在加拿大，不仅保留了其独特的文化习俗，也尊重其他民族的文化习俗。各地移民为加拿大带来了丰富多样的文化，形成了加拿大的多元文化环境。本章将从加拿大民族文化发展概况、加拿大原住民和主要民族以及主要少数民族的历史文化发展等方面对加拿大民族文化进行介绍。

## 第一节 加拿大民族文化发展概况

想要了解加拿大的民族文化，首先要明确加拿大人的定义。加拿大人是指对加拿大有自我认同感的人。这种认同可以建立在居住地、法律、历史或者文化等多个情感寄托点上。对于大多数加拿大人来说，当其中几种或全部的情感寄托点同时存在时，就是他们自我认同为加拿大人的时候。

由于加拿大是一个移民国家，所以加拿大人在种族、宗教、文化等方面非常多元化。最早生活在加拿大的居民被称为"原住民（aboriginal）"，约占加拿大总人口的5%，其他加拿大人主要是来自不列颠群岛（The British Isles）和欧洲大陆的移民。在加拿大和欧洲等地建立联系的400多年的历史中，出现了一拨又一拨的移民潮，虽然每一拨移民潮的主体民族并不相同，但最终这些民族和加拿大原住民一起构成了现在的加拿大人。

加拿大是世界上国土面积第二大的国家，加拿大统计局公布的2021年的人口普查数据显示，加拿大总人口出现增长，增至36 991 981人。与2016年加拿大统计局公布的人口普查数据相比，人口增长了1 840 253人，涨幅为5.2%。加拿大的人口增长原因并不简单局限于本国各民族新生人口的出生，同时也包括来自各国新移民的迁入。

# 第七章　加拿大民族

作为一个多民族国家，加拿大对移民的态度非常开放，这也是加拿大人口增长的重要原因之一。加拿大人口密度低，主要集中在南部地区，移民分别来自英国、爱尔兰、法国、德国、意大利、中国、乌克兰、瑞典等。根据 2021 年的人口普查数据，华裔血统的加拿大人口有 1 715 770 人，占加拿大总人口的 4.7%。多伦多是华人最多的城市，有近 68 万名华裔，该地区的华裔人口占比为当地总人口的 10.8%。

世界各地的移民为加拿大带来了不同的文化，形成了加拿大的多元文化环境。加拿大各民族的文化在这种环境下共同发展，呈现出多姿多彩的景象。各民族为保持和发展本民族文化所举办的活动不仅受到社会的尊重，也获得政府的支持。加拿大的民族多样化带来了文化的多元性，各民族和谐共处的精神值得称道。

## 第二节　加拿大原住民的历史文化发展

最早生活在加拿大的居民被称为"原住民"（Aboriginal），约占加拿大总人口的 5%，主要包括第一民族（the First Nations）、因纽特人（the Inuits）和梅蒂斯人（the Métis）。因纽特人居住在加拿大北极圈附近及阿拉斯加，有人也称他们为爱斯基摩人（Eskimos），但因纽特人很不喜欢这种叫法，因为"Eskimos"意思是"吃生肉的人"，而"Inuits"则表示"真正的人"。梅蒂斯人是欧洲人与印第安人的混血。

1492 年，意大利航海家哥伦布（Christopher Columbus，1451—1506）抵达北美洲，当时他误认为自己到了印度，于是称生活在那里的人为"Indians"（印度人）。中国人为了把他们和"印度人"（Indians）区别开来，称之为"印第安人"，但现在确切的叫法为"第一民族"。

加拿大原住民人口正在稳步增长，根据加拿大统计局公布的数据，从 2016 年到 2021 年，加拿大原住民人口增长了 9.4%，达到 180 万人，占总人口的 5%。在同一时期，加拿大非原住民人口增长了 5.3%。在三大原住民中，因纽特人最年轻，平均年龄为 28.9 岁；其次是第一民族，平均年龄为 32.5 岁；然后是梅蒂斯人，平均年龄为 35.9 岁。加拿大统计局预测，在未来 20 年内，原住民人口可能会增长到 250 多万。

## 一、第一民族

在加拿大，虽然"印第安"这一名词仍然具有法律效应，但在社会上被认为是对第一民族的冒犯。在加拿大，根据所处地理位置的不同，加拿大第一民族可分为以下六个分支①，即西北海岸第一民族（Northwest Coast First Nations）、高原第一民族（Plateau First Nations）、平原第一民族（Plains First Nations）、北极第一民族（Arctic First Nations）、亚北极第一民族（Subarctic First Nations）和东部林地第一民族（Eastern Woodlands First Nations）。第一民族使用的语言是本族语、英语或法语，宗教信仰是基督教（Christianity）或传统信仰。

早在 1000 年，加拿大的第一民族就与欧洲人有互动了，但直到 17 世纪和 18 世纪，大量的欧洲白人漂洋过海，在加拿大这片土地上建立永久定居点后，第一民族才与欧洲人有了长期的接触。而欧洲白人的到来虽然将当时欧洲先进的技术带到加拿大，但同时也将战乱带到了这里。1760 年，英国战胜法国，结束了英法争霸的局面，独占加拿大。欧洲殖民化对加拿大原住民最直接的影响就是人口的锐减。15 世纪末，加拿大原住民的人口估计在 20 万到 200 万之间，欧洲殖民化之后原住民人口减少了 40% 至 80%。除了战乱对当地人口造成的影响，反复暴发的流感、麻疹、天花等欧洲传染病，贸易方面的冲突，与殖民者当局的各种冲突都是导致原住民人口锐减的原因。

随着殖民化和白人定居，第一民族的生活方式被永远改变了。英国殖民者和加拿大当局通过一系列法律，试图将原住民同化。1876 年出台的《印第安人法》（Indian Act）就是政府用来管理印第安人及其保留地的主要法律。这个法案不仅侵犯了原住民的权益，还给当地原住民文化带来了巨大的冲击和破坏。根据《印第安人法》，印第安人必须住在狭小的"保留地"上，那些不愿意在"保留地"居住的原住民被称为"不合作者"，被剥夺了相应的公民权。实际上，对于愿意住在"保留地"的印第安人，政府也根据"同化"的原则，将其与自己的文化进行隔绝，意图在数代人之内将原住民彻底同化。

在这一系列法律和同化思想的指导下，自 1870 年开始，当局或鼓励、或资助、或强迫教会在全国各地设置了大量的"印第安寄宿学校"（Indian Residential

---

① Government of Canadia, First Nations in Canada, last modified May 2, 2017. https://www.rcaanc-cirnac.gc.ca/eng/1307460755710/1536862806124.

School)，强行将原住民儿童带离家庭，剥夺父母对他们的监护权。在白人优越思想的影响下，寄宿学校对原住民儿童的管理采用了许多粗暴的手段。许多原住民儿童在寄宿学校都有负面的经历，他们离开父母，自己的文化被贬低，不能说自己的母语。

19世纪70年代，加拿大政府与多种宗教组织合作建立了寄宿学校。在政府的授权下，第一民族儿童被迫前往寄宿学校居住并接受教育。这些学校的两个主要目的是将儿童与其家庭、传统和文化隔离开来，并将所认同的文化同化为加拿大当局推崇的主流文化。据统计，总共约有150 000名原住民儿童被带走。虽然大多数寄宿学校在20世纪70年代中期停止运营，但最后一所政府开办的寄宿学校直到20世纪90年代末才关闭。

2008年6月11日，斯蒂芬·哈珀（Stephen Harper）总理向寄宿学校曾经的学生及其家人道歉，以寻求政府对加拿大原住民文化、遗产和语言造成的痛苦和影响的宽恕。除此之外，《印第安寄宿学校和解协议》成功实施，加拿大政府努力在第一民族和非原住民加拿大人之间建立新的关系。

虽然20世纪以来，加拿大第一民族人口逐年增长，但第一民族人民面临的问题比加拿大人整体面临的问题更加严重。除了饱受争议的寄宿学校问题以外，原住民的健康状况差、就业困难、失业率高、妇女地位低等问题都影响和制约着第一民族的发展。

## 二、因纽特人

因纽特人居住在地球上最令人生畏的领土之一的北极地区，分布在西伯利亚部分地区、阿拉斯加海岸、加拿大各地到格陵兰岛，是世界上分布最广的民族之一，但人口仅为7万人。在加拿大，有8个主要的因纽特族裔群体①：拉布拉多尔米乌特人（拉布拉多人）、努纳维姆米乌特人（乌尔瓦人）、巴芬岛、伊格卢林穆特人（伊格卢利克人）、基瓦利尔米乌特人（卡里布人）、内西林格人（内西里克人）、伊努伊特人（乌珀人）和伊努维亚鲁伊特人（西北极因纽特人）。

在北极大约4 000年的人类历史中，外来人口的出现不断改变着这片大地。早在11世纪，挪威人就对因纽特人产生了很大的影响。随后探险家、捕鲸者、商人、传教士、科学家等不断到来，因纽特人居住区出现了不可逆转的变化。而

---

① Minnie Aodla Freeman, the Canadian Encyclopedia, *Inuit*, last modified November 28, 2023. https://www.thecanadianencyclopedia.ca/en/article/inuit.

因纽特人自己作为向导、交易员积极参与了这些发展。

东格陵兰是白人最早进入的因纽特人居住区，加拿大北极地区中部是白人最晚进入的地区。西方白人大规模进入因纽特人居住区的时期，也是欧洲资本主义国家工业蒸蒸日上、高速发展的阶段。为了获取大量的工业原材料，这些国家派人前往世界各处探险和寻找财宝，不断扩张殖民地，搜刮当地资源。

1600—1800年，来到因纽特人居住区的白人的态度是友善的，但随着白人商人的到来，欧洲各国和美国的各种基督教组织也派传教士到因纽特人居住区传经布道，鼓励和劝说因纽特人成为基督教徒。

随着欧洲人在加拿大的影响力不断增强，殖民化同样也严重影响了因纽特人的文化和生活。在1939年以前，加拿大政府很大程度上忽视了对因纽特人的管理和约束，但1939年的一项裁决改变了因纽特人在加拿大的生活。1939年，加拿大最高法院在一项名为"爱斯基摩人"的裁决中裁定，因纽特人应该被视为印第安人，并接受联邦政府的管辖。不仅很多因纽特儿童被送往加拿大的寄宿学校学习，很多因纽特人也在加拿大政府的"高北极迁移"（Inuit High Arctic Relocation）政策的要求下被迫搬迁至极寒且贫瘠的地区生活。因纽特人曾经是一个在极端恶劣的环境中自给自足的民族，在这些政策的影响下，他们变成了贫穷的少数民族。直到2005年，加拿大政府才承认这些强制安置等措施是虐待行为。

20世纪60年代末和70年代初，因纽特人开始在政治上团结起来，以应对同化政策和政府对其土地的限制。为了有效地游说土地主张、原住民权利和自治，一群因纽特人于1971年成立了加拿大因纽特人联合组织［Inuit Tapiriit Kanatami（National Canadian Inuit Organization）］。该组织维护生活在因纽特努纳加特当地53个社区的所有因纽特人的利益。这些利益代表了一系列相互关联的问题和挑战，包括社会、文化、政治和环境问题。

尽管在自治、商业、教学、交通、医疗和广播等领域取得了进展，但北部社区的许多因纽特人仍然面临着重大挑战。自20世纪五六十年代搬到永久定居点以来，因纽特人一直缺乏相应的住房，受到健康等问题的影响。2016年，有51.7%居住在因纽特努纳加特的因纽特人生活在过度拥挤的条件下，而相同的问题，加拿大的非原住民的比例仅为8.5%。生活条件恶劣和医疗保健缺乏在一定程度上加剧了慢性健康问题，包括肥胖、糖尿病和呼吸道感染。

## 三、梅蒂斯人

"Métis"一词在法语中的意思是"混合",指在毛皮贸易时期,欧洲裔男人与原住民妇女结合所生的后裔[①]。在加拿大,这个词是指19世纪加拿大西部平原地区出现的具有共同特征的人,他们宣称自己是"新的民族",既不同于原住民民族(母亲血统),也不同于欧洲人后裔(父亲血统)。

在加拿大历史上,"Métis"一词特指那些具有部分原住民血统并操法语的天主教徒。毛皮贸易带来了用欧洲商品换毛皮的英国和法国商人,而第一民族的人们帮助欧洲人学习土地布局、当地语言和生存技能。逐渐地,早期的接触使得欧洲商人和第一民族妇女之间产生私人情感联系。随着时间的推移,这些后代发展出了不同于第一民族和欧洲人的语言、文化和传统。他们开始在自己的社区定居。

第一批梅蒂斯人社区于17世纪定居在五大湖西部地区,包括安大略省、威斯康星州、密歇根州和俄亥俄州。后来,当欧洲人开始在那里建立殖民地时,他们离开了这个地区。法属梅蒂斯人首先沿着红河的贸易路线定居,而讲英语或盎格鲁语的梅蒂斯人则在哈得孙湾周围定居。虽然法属梅蒂斯人和盎格鲁梅蒂斯人之间的文化和语言区别在过去更加明显,但随着时间的推移,二者的社区变得更加统一。

从19世纪初至19世纪末的半个多世纪中,梅蒂斯人已形成了单一民族,并初步得到了政府的承认。此时,梅蒂斯人内部的不同派别需要进一步联结。作为梅蒂斯人的主要部分,法裔梅蒂斯人是虔诚的罗马天主教徒,英裔梅蒂斯人是英国国教徒,苏格兰后裔的梅蒂斯人是长老会教徒。讲英语的梅蒂斯人为小农场农民,法裔梅蒂斯人喜欢游牧生活。社会和文化差异导致不同派别的梅蒂斯人之间文化的冲突。

根据2021年人口普查,加拿大有624 220名梅蒂斯人,占总人口的1.7%。2019年6月27日,艾伯塔省梅蒂斯民族、安大略省梅蒂斯民族和萨斯喀彻温省梅蒂斯民族与加拿大政府签署了历史性的自治协议《梅蒂斯—渥太华协议》。该协议的签署是梅蒂斯人历史上的一个里程碑,是梅蒂斯人数十年来争取联邦政府承认和自治权力的结果。现如今,在加拿大的每个省、地区和城市都有梅蒂斯人居住。

---

[①] 阮西湖:《加拿大民族志》,北京:中国社会科学出版社,1986年,第121页。

## 第三节 加拿大主要民族的历史文化发展

### 一、法裔加拿大人

法裔加拿大人是在加拿大生活的一个族裔群体，他们的祖先可以追溯到17世纪在加拿大定居的法国殖民者。法裔加拿大人是加拿大仅次于英国血统的第二大族裔群体。

事实上，加拿大的第一个欧洲移民就是法国人，即航海家雅克·卡蒂埃（Jacques Cartier）。他奉法国国王的旨意，于1534年4月20日前往北美洲。这一事件也标志着加拿大殖民时期的开始，成为加拿大历史的重要分界线。在法国人登陆加拿大这片土地时，他们遇到了居住在这里的操着不同语言、有着不同习惯和文化的加拿大原住民。

17世纪以来，来自法国北部的法国移民定居在加拿大。17世纪到18世纪，法裔加拿大人扩张到北美，殖民了各个地区、城市以及城镇。而法裔加拿大人真正建立新法兰西的历史应该是从1608年建立魁北克城开始的。当时，魁北克是战略要塞，城市居高临下，是天然的战略要地。法国人最初建立这座城市的目的是开展毛皮贸易，将其作为进一步移民的重要地区。从法国来的移民可以乘船经大西洋进入圣劳伦斯河到魁北克城下，同时把毛皮运回法国。但是这块土地本属印第安人所有，由于实力悬殊，印第安人被法国人打败了。从1608年魁北克城建立到1627年，法国人进行了大量的毛皮贸易，这是法国人在加拿大最初的主要活动，同时也是新法兰西的经济基础。而魁北克不仅是法国人和印第安人争夺的地区，也是法国人和英国人争夺的地区。1763年，法国在"七年战争"中败给英国后，虽然法裔加拿大人的地位大不如前，但在殖民地的生活中仍然扮演着重要的角色。战后，英国根据1763年英法两国签署的《巴黎和约》控制着整个新法兰西领土，而斗争远没有结束，这种英法对抗的相持局面以另一种形式继续进行着，可以说延续至今。

讲到法裔加拿大人，就不得不提到加拿大的魁北克问题。1960年，魁北克的寂静革命（Révolution Tranquille）之后，许多人认为1876年的加拿大宪法将当时占加拿大人口三分之一的魁北克的利益完全排除在外，使得魁北克毫无政治主权。因此，魁北克党于1968年公开提出独立，明确要求获得政治主权，并在

1970年使用暴力手段胁迫政府允许魁北克独立。最终，在政府的镇压下，暴力活动逐渐平息。魁北克党在1976年获得了省议会的多数选票，成为魁北克省的执政党。魁北克党成为魁北克省的执政党后，实施了一系列措施以推动独立。1980年，魁北克就是否独立进行了第一次公民投票，赞成票占40.44%，反对票占59.56%，魁北克的第一次独立运动以失败告终。之后的二十多年中，魁北克与联邦政府及其余省份展开了多次修宪谈判，均以失败告终。于是，魁北克在1995年进行了第二次公民投票，赞成票占49.42%，反对票占50.58%，联邦主义者仍以微弱的优势获胜。

实际上，困扰加拿大政府多年的魁北克问题并不是突然暴发的。20世纪60年代遗留的问题没有妥善解决，直接导致了70年代魁北克民族主义的发展。起初，魁北克的要求仅仅是更多的自治权，但这个要求与当时中央政府的目标是背道而驰的，这导致魁北克政府和中央政府的关系愈发紧张。受魁北克两次公投的影响，加拿大联邦政府也注意到了魁北克的民族问题，在政策上重视法国文化、尊重法语。魁北克的独立运动在很大程度上促进和推动了加拿大的民主进程，催生了加拿大的《人权和自由宪章》和多元文化政策，进一步促进了加拿大的多元文化的发展。

## 二、英裔加拿大人

英裔加拿大人（English Canadians）或盎格鲁加拿大人（Anglo Canadians），狭义上指种族或祖先为英国人的加拿大人，广义上指母语为英语的加拿大人，包括在加拿大的二代、三代等以英语为母语者。加拿大是一个官方语言为英语、法语的双语国家。英裔加拿大人这个概念主要和法裔加拿大人相对。英裔加拿大人包括四种不同民族血统的人，即英格兰人、爱尔兰人、苏格兰人和威尔士人。在加拿大，英裔加拿大人人数最多，他们分布在除魁北克省以外的加拿大各省，且在这些省都是多数居民。

自1763年英国统治加拿大后，有利于英国移民的政策使得英国移民的数量迅速增长。1890年至1930年，加拿大被欧洲人认为是充满机会的地方。于是，大量英国人来到加拿大，当时的移民数量达到了最高峰。

尽管加拿大长期以来为其相对和平的历史感到自豪，但是战争在英裔加拿大人的身份形成方面仍扮演着重要的角色。在1914年和同盟国的交战中，英裔加拿大人的牺牲和成就使当时的英裔加拿大人受到尊重，得到了国际社会的认同。

在第二次世界大战中，加拿大单独宣战，并在支持盟军的战争中发挥了重要作用。战后，尽管加拿大致力发展北约组织，但是英裔加拿大人一直是联合国维持和平活动的坚定支持者。20 世纪末，在美国文化影响力增强和英国影响力减弱的环境下，魁北克主权运动也在不断发展，这些都给英裔加拿大人造成了不小的身份危机，乔治·格兰特（George Parkin Grant）的《一个国家的哀叹》描写了当时英裔加拿大人所承受的压力和精神上的脆弱。自 20 世纪 60 年代起，英国加拿大文学也取得了巨大成就，许多加拿大英语作家用他们的作品剖析英裔加拿大人的生活经历。

事实上，英裔加拿大人作为加拿大建国的主要民族之一，自他们来到加拿大这片土地的那一天起就享有了很多权利，他们对加拿大的文化影响也十分突出，同时他们在加拿大社会的各个领域都有着不俗的贡献和成就。

## 第四节　加拿大主要少数民族移民的历史文化发展进程

作为一个移民国家，加拿大的历史就是一部移民史，无论是法裔加拿大人还是英裔加拿大人，都是移民的后代，他们都对加拿大的国家建设做出了突出贡献。即便是后来移民到加拿大的族群，也为加拿大的发展做出了不可磨灭的贡献。而加拿大的华人移民在加拿大的建设历史中，更是不可忽视的群体，建造横贯加拿大东西的太平洋铁路便是最好的例子。

在 2016 年至 2021 年全国人口统计数据中，加拿大少数民族移民中人口数量位列第一的是印度裔（占移民总人数的 18.6%），第二是菲律宾裔（占移民总人数的 11.4%）。来自中国的移民人口数量位列第三，占移民总人数的 8.9%，和 2016 年相比增长了近一倍。

### 一、华裔加拿大人

华裔加拿大人是指具有全部或部分华裔血统的加拿大人。一般来说，来自大中华地区以及从东南亚和南美洲移民至加拿大的海外华人及其后代都属于华裔加拿大人。华人移民加拿大的历史悠久，华人第一次在加拿大定居是在 18 世纪 80 年代。华人移民加拿大的主要时期是 1858—1923 年和 1947 年至今，华人的加拿大移民史见证了加拿大政府移民政策的变化。由于经济萧条等原因，华人移民最

## 第七章　加拿大民族

初被视为廉价劳动力来源。1880—1885 年，华人劳工在加拿大的主要工作是建造加拿大太平洋铁路。

1880 年，美国人安德鲁·安德东克（Andrew Onderdonk）在加利福尼亚州招募了 7 000 多名中国的铁路工人，随后又将 5 000 多名工人从中国带到加拿大，进行加拿大铁路建设。当时，中国劳工工资低，抗高压。1880 年至 1885 年，约 17 000 名中国工人参加了加拿大太平洋铁路的建设，其中 700 多人因工作条件恶劣而死亡。在当时，大多数中国工人住在帆布帐篷里，这些帐篷的材质和结构并不足以抵御当地的恶劣天气。因此，很多工人在施工期间生病、发生意外，或是在放置爆炸物的时候被炸死。而由于建设这条贯穿加拿大的铁路，华人社区得以在加拿大全国范围发展。

然而，1885 年通过的《中国移民法》（The Chinese Immigration Act）[1]，加重了当时生活在加拿大的中国人的生活负担。这项法律要求所有来加拿大的中国人都需缴纳 50 美元的"人头税"（Head Taxes），使中国人成为唯一为进入加拿大纳税的族裔群体。不仅如此，在这项法律未能阻止中国移民后，加拿大政府于 1900 年将税收提高至 100 美元。在当时，100 美元是铁路工人两年的工资。[2]

1923 年，联邦自由党政府通过了《华人移民法案》（Chinese Exclusion Act）[3]，该法案完全禁止华人移民，华人也自此成为加拿大唯一被拒的族裔。接下来的 25 年，越来越多的排华法案得到通过，加拿大的大部分工作都不招收华人。因此，在加拿大的华人只能经营餐馆和洗衣店。在经济大萧条时期，华人的生活更加困难，相比其他加拿大人，华人能够申领的救济金不到他们的一半。一系列排华法案几乎阻止了华人进入加拿大。为了抗议排华法案，加拿大华人每年都会在 7 月 1 日加拿大自治日时关闭店铺，共同抵制这个节日。第二次世界大战后，虽然加拿大政府于 1947 年废除了之前的排华法案，但是加拿大的排华情绪在 1970 年中加建交后才逐渐缓和。[4]

随着中加关系的不断发展，今天，中国已经成为加拿大最大的华人移民来源。根据加拿大移民局的统计数据，1999 年至 2009 年，来自中国的移民在加拿

---

[1] 完整条款见 https://exhibits.library.utoronto.ca/items/show/2237。
[2] 阮西湖：《加拿大民族志》，北京：中国社会科学出版社，1986 年，第 201 页。
[3] 完整条款见 https://parks.canada.ca/culture/designation/evenement－event/exclusion－chinois－chinese。
[4] 边燕杰：《关系社会学：理论与研究》，北京：社会科学文献出版社，2011 年，第 364 页。

大总移民中占比最大。2002 年，来自中国的移民几乎占所有加拿大移民的 15%。2016 年加拿大人口普查数据显示，华裔血统的加拿大人口有 1 769 195 人（含混血 329 215 人），占加拿大总人口的 5.1%（不含混血则为 4.2%），华裔已经成为加拿人人口中最大的非欧洲裔族群。同时，根据 2021 年公布的加拿大人口普查数据，加拿大有 170 万华裔，占加拿大总人口的 4.7%。

## 二、日裔加拿大人

日裔加拿大人是指有日本血统的加拿大公民。日裔加拿大人主要集中在加拿大西部，特别是不列颠哥伦比亚省。该省有加拿大最大的日本社区，其中大多数居住在温哥华及其周边地区。根据 2016 年人口普查数据，加拿大共有 129 425 名日裔加拿大人。

1942 年，加拿大政府利用《战争措施法》（the War Measures Act）将日裔加拿大人列为对国家安全有威胁的族裔。很多已经获得加拿大国籍的日裔加拿大人也被送去农场强制拘留和劳作。1943 年，居住在不列颠哥伦比亚省的日裔加拿大人的财产和房屋被政府没收和出售，出售的资金用于支付他们的拘留费用。同时，他们还必须支付租金才能住在分配给他们的拘留所。1945 年，加拿大政府给日裔加拿大人两个"选择"：搬离他们的居住地，前往政府指定的区域，或返回日本。经过日裔加拿大人的抗议和争取，他们终于在 1949 年获得了投票权，取消了流动限制。

1988 年 9 月 22 日，布莱恩·马尔罗尼总理代表加拿大政府为战时政府对日裔加拿大所犯的错误道歉，并为日裔加拿大人全国协会提供了有针对性的解决方案。截至 1993 年，近 18 000 名幸存者收到了和解协议中承诺的 21 000 美元补偿。联邦政府还提供了一个社区捐赠基金，以协助日裔加拿大人重建社区。

## 三、非裔加拿大人

非裔加拿大人是指撒哈拉以南非洲人后裔，是加拿大公民或永久居民。2021 年的数据显示，非裔加拿大人口最多的五个省份是安大略省、魁北克省、艾伯塔省、不列颠哥伦比亚省和马尼托巴省。其中人口最多的 10 个大都市是多伦多、蒙特利尔、渥太华、埃德蒙顿、卡尔加里、温尼伯、温哥华、汉密尔顿、奥沙瓦和魁北克。根据 2021 年的人口数据，非裔加拿大人的人口总数为 1 547 870 人，占全国人口的 4.3%。

大多数非裔加拿大人是加勒比裔,尽管其人口由非裔美国移民及其后裔(包括新斯科舍非裔)和许多非洲本地移民组成。由于非裔群体与第一民族或梅蒂斯人社区之间的异族通婚,大量非裔加拿大人也受到一些原住民文化的影响,在加拿大的诸多文化领域做出了贡献。

### 四、南亚裔加拿大人

南亚裔加拿大人是亚裔加拿大人的一个子群体,根据加拿大统计局的说法,南亚裔加拿大人可以进一步按国籍划分为印度裔加拿大人、巴基斯坦裔加拿大人和孟加拉国裔加拿大人。

截至 2021 年,南亚裔加拿大人口总数为 2 571 400 人,占加拿大人口的 7.1%。这使得他们成为加拿大最大的有色人种群体,其次是华裔和非裔加拿大人。南亚裔加拿大人最大的社区位于安大略省、不列颠哥伦比亚省和艾伯塔省。南亚裔加拿大人口众多的大都市包括多伦多(1 100 000 人)、温哥华(333 385 人)、卡尔加里(138 280 人)、埃德蒙顿(109 615 人)和蒙特利尔(128 280 人)。根据加拿大统计局 2021 年发布的数据,南亚裔加拿大人已经成为仅次于欧洲裔加拿大人的少数移民群体。

## 第五节 加拿大移民政策的变迁与发展

### 一、早期移民政策和西部定居运动

加拿大建国初期,政府和民众积极宣传加拿大,鼓励人们移民至此。最早来到加拿大的移民主要来自英国、美国和北欧。1869 年,加拿大颁布了第一部移民法[1]。与之后加拿大推行移民法不同的是,该法仅禁止乞丐和贫困群体入境,但并未对移民的族裔进行限制。同时,最早的中国移民也在这一时期抵达加拿大。他们最初是为建设加拿大太平洋铁路而来,并做出了巨大的贡献。但是,由于历史原因,早期的华人移民在加拿大遭受歧视。[2] 这种歧视直到第二次世界大战后才逐渐减轻和消除。

---

[1] Hanes, Roy. "None is Still Too Many: An Historical Exploration of Canadian Immigration Legislation As It Pertains to People with Disabilities." Developmental Disabilities Bulletin 37 (2009): 91 – 126.

[2] 边燕杰:《关系社会学:理论与研究》,北京:社会科学文献出版社,2011 年,第 361 页。

19世纪末，全球范围内爆发了金融危机，同时外来移民向加拿大西部定居的趋势逐渐减弱。但是1895年，随着世界经济逐渐复苏，克里夫·西夫顿（Clifford Sifton）被任命为加拿大内务部长，他的上任改变了加拿大的移民历史的走向。西夫顿相信"破衣烂衫但身强力壮的农民"（Stalwart peasant in a sheepskin coat）是加拿大最需要引进的人口。因此，他开始在全球范围内吸引从事农业劳动的人来到加拿大。从1896年至西夫顿离职的1905年，仅仅9年时间里，移民人数增长了近10倍，从1.6万多人增至14.1万人。1913年，移民人数更直线上升至40多万人。从1896年至第一次世界大战爆发之前，大约有300多万移民抵达加拿大。

## 二、严格控制时期和大萧条时期

西夫顿卸任后，加拿大内务部长的新任者并未延续他的移民政策。时任内务部长弗朗克·奥利弗（Frank Oliver）[1]认为，新移民的种族和文化背景比他们的工作能力更为重要。因此，他将加拿大的移民政策导向了一个更为苛刻的方向。在1906年颁布的移民法中，他对"移民"一词进行了更严格的定义，使其排除了一些特定群体。这一法案进一步加强了移民管理，奥利弗采取了一系列措施来实现这一排外色彩浓厚的新移民法的目标。

1908年，国会通过了一项法案，要求所有新移民必须直接从他们的祖国直达加拿大。这一法案的出台使印度移民进入加拿大的可能性降为零。因为当时从印度到加拿大并没有直达的船只。1914年5月23日，一艘载有376名印度人的船只抵达温哥华港。经过整整两个月的漫长等待后，移民局根据上述法案严格地审查了他们的移民资格。最终，法院裁定该船上的乘客不能移民加拿大，随后他们被原路送回。[2]

同时，当时的加拿大急需廉价的农场劳动力。"养童"（House Children）计划恰好满足这一需求，大量8~10岁的男孩被送往加拿大接受劳工培训，女孩被送到小城镇担任女佣。这一现象一直持续到20世纪20年代，1925年才被完全禁止。

---

[1] Timlin, Mabel F. "Canada's immigration policy, 1896 – 1910." Canadian Journal of Economics and Political Science/Revue canadienne de economiques et science politique 26. 4 (1960): 517 – 532.

[2] Basdeo, Sahadeo. "East Indians in Canada's Pacific Coast 1900 – 1914: An Encounter in Race Relations." Sojourners to Settlers: Indian Migrants in the Caribbean and the Americas (1999): 236 – 252.

20 世纪 30 年代，经济大萧条对加拿大的移民进程产生了严重影响。和其他国家一样，经济问题也成为当时加拿大民众面临的最大挑战。这种倾向很快在移民政策上体现出来。1931 年 3 月，除了英国和美国的非农业人士，所有其他非农业人士都被禁止移民加拿大，而被允许入境的人必须有足够的资金来维持自己在找到工作之前的生活。由于这些限制，1921 年至 1931 年的移民人数从 110 多万人急剧下降至 1931 年至 1941 年的 14 万人。这种情况导致了圣路易斯号船（St. Louis）的悲剧。1939 年 5 月，该船上 936 名犹太乘客先后被古巴、美国和加拿大禁止入境，最终被迫返回欧洲。而在当时的欧洲，这 936 名犹太人的命运只有死亡。因此，这段航程后来被称为"被诅咒的航程"。

在第二次世界大战期间，来加拿大的移民极少。然而，一部分受过高等教育的难民，在 1940 年从英国被送到加拿大。许多人在战后留在了加拿大，成为这个国家最杰出的外国人才之一。在战争期间，加拿大政府资助了一个疏散计划，将许多被称为"客童"（Guest Children）的英国儿童送到加拿大家庭中寄养，直到战争结束。

### 三、战后移民潮和移民开放政策

第二次世界大战后，加拿大的移民政策仍然相当封闭。然而，随着鼓励移民的活动不断增加、为外国难民和无家可归者提供的运输条件得到改善，加拿大劳工市场实际需求增长，加拿大政府逐渐消除移民壁垒。1947 年至 1950 年，大量无家可归者被允许进入加拿大。其中，许多人是根据"大批人力需求"（Bulk-labor）计划才得以移民加拿大的，该计划的目的是为加拿大日益增长的经济需求提供劳动力。[1]

同时，匈牙利事件的爆发导致加拿大政府在 1956 年至 1957 年接纳了多达 4 万名匈牙利难民。在这一行动中，加拿大政府免除了之前的移民程序，迅速有效地让匈牙利难民成为加拿大的新居民。

### 四、加拿大废除"白色移民政策"

1947 年至 1957 年，尽管加拿大政府在经济繁荣时期逐步放松了移民限制，

---

[1] Iacovetta, Franca. "Ordering in bulk: Canada's postwar immigration policy and the recruitment of contract workers from Italy." Journal of American Ethnic History (1991): 50 – 80.

但除了曾经的英联邦国家、美国和欧洲的居民以外，加拿大政府对来自其他国家的移民仍然实行严格的限制政策。

这种情况在1962年结束，加拿大通过了一条新的法令禁止种族歧视。新法令规定，任何人，不管其种族、肤色或来自何处，只要符合资格且能在找到工作之前有足够的资金维持生活，都可以移民加拿大。1967年，基于语言能力、受教育程度和工作技能等条件的更为客观合理的"记分"移民方案得以通过。

奠定加拿大现行移民政策的基石是1976年通过的移民法。该法明确规定了加拿大移民政策的基本原则，并赋予各届政府统筹安排和制订移民计划的责任。此外，该法还明确界定了难民类别，为普通移民制定了不同的甄别程序和管理系统，从而建立了加拿大移民史上的第一个难民管理系统。

移民政策开放和采用记分政策所带来的积极成果在70年代开始显现。1966年，加拿大移民中欧洲国家移民占87%。然而到了1970年，这一比例下降到了50%，另外50%来自中国的香港地区以及印度、菲律宾、印度尼西亚等国家。

现今，加拿大移民主要由三个部分组成：基于人道主义的家庭团聚移民、基于国际责任的难民移民，以及基于加拿大社会经济和文化需求的独立移民（包括技术移民、投资移民、企业移民和自雇移民）。在移民群体中，来自中国内地和港台的华裔是最引人注目、最成功的群体。多伦多、温哥华等地繁荣的中国城是加拿大移民政策的硕果。90年代，来自中国大陆的移民人数首次超过中国香港，中国大陆成为加拿大最重要的移民来源地。

## 五、多元文化政策

加拿大的多元文化政策于1971年被皮埃尔·特鲁多领导的自由党政府采纳。多元文化政策旨在作为一种政策解决方案，既能够应对不断上升的法裔加拿大人的民族主义情绪，特别是在魁北克地区，也能够应对全国各地不断增长的文化多样性。加拿大是世界上第一个采取多元文化政策的国家。2021年，多元文化政策迎来了其成立50周年的纪念。

加拿大政府采取这项政策的初步方法可以描述为"种族多元文化主义"。20世纪70年代初，政府向一些民族文化组织提供了财政援助，以促进该民族文化遗产的发展，并为民俗和艺术民族文化表达和发展提供了适度的支持。

多元文化政策的早期反对者认为，这项计划阻碍了社会融合，他们认为这笔资金的真正目的是确保得到少数民族人口的政治支持。尽管有这些批评，但多元文化主义仍然受到大部分加拿大人的欢迎。

1970年之前,加拿大的大部分移民来自欧洲国家。然而,1976年的《移民法》取消了对来自非欧洲国家移民的一些限制。随后的人口结构变化促使人们呼吁重新思考多元文化政策,思考的重点是消除文化歧视的重要性。

在20世纪90年代,联邦多元文化政策和方案更加重视消除移民和特定少数群体参与经济和社会活动的障碍。1995年,联邦政府通过了就业公平立法。自1996年以来,人口普查收集了有关加拿大有色人种和多元文化主义的信息,旨在消除种族主义和歧视,更好地推动加拿大多元文化的发展。

语言多样性也是加拿大多元文化主义的核心。2021年的人口普查数据显示,母语为英、法语以外语言的加拿大人比以往任何时候都多。在英语、法语之外,汉语普通话和彭加语是使用最普遍的语言。英语和法语是加拿大的官方语言,有90%的加拿大人使用;而说法语的人在几乎所有省份和地区都有所减少,但是加拿大人的英法双语水平并未下降,仍有18%的人表示能用两种官方语言交流。

作为一个老牌移民国家,加拿大自由宽容的多元文化环境也是不少人选择移民加拿大的重要原因。同时,加拿大是将"多元文化主义"确定为国家基本民族政策的国家,在要求认同加拿大人的同时,也强调尊重与保护族群间的文化差异。

# 本章小结

加拿大是典型的移民国家,来自世界各国的人民汇聚于此,带着不同的语言、宗教信仰和饮食习惯,共同组成了新的大家庭。在原住民和各国移民的努力下,多民族文化在加拿大相互交融、相互影响,同时,在政策的支持和环境的包容下,世界各地的移民也为加拿大增添了不同的文化色彩,形成了现在加拿大的多元文化环境。而加拿大政府的移民政策的变迁,也在促进所有种族的居民积极融入加拿大社会,同时也逐渐缓解加拿大的民族矛盾问题。但是,加拿大政府也需不断探索,多元文化主义带来的究竟是种族融合还是种族隔离,而这一系列的探索都关乎人民的"身份认同"问题。与加拿大的民族政策不同,中华人民共和国成立后尽一切努力促进各民族的共同发展和共同繁荣。中国根据民族地区的实际情况,制定和采取了一系列特殊的政策和措施,帮助、扶持民族地区发展经济,并动员和组织汉族发达地区支援民族地区。民族平等和民族团结是我国解决民族问题的政策,我国宪法规定:中华人民共和国各民族一律平等。国家保障各少数民族的合法权利和利益，维护和发展各民族的平等、团结、互助关系。禁止对任何民族的歧视和压迫。随着全球化的发展，以及对加拿大民族文化政策研究的深入，我们应该不断汲取各方经验，弘扬我国的民族文化以及中华传统文化的价值观，增强民族自信。

**思考题**

1. 结合加拿大民族发展历史，谈谈你对加拿大现行民族政策的认识。
2. 根据加拿大移民数据的变化，谈谈你对加拿大民族政策变化与世界格局变动的关系。
3. 与我国民族政策相比，加拿大民族政策有哪些特点？
4. 谈谈全球化背景下你对中加两国增强民族文化交流的看法。

**本章推荐阅读**

1. Abu-Laban, Yasmeen, and Christina Gabriel. *Selling Diversity: Immigration, Multiculturalism, Employment Equity, and Globalization*. Toronto：University of Toronto Press, 2002.

2. Driedger, Leo, and Eric Fong. *Ethnic Canada: Identities and Inequalities*. Canadian Journal of Sociology, 1994, 24 (4)：553.

3. Griffith, Andrew. *Multiculturalism in Canada: Evidence and Anecdote*. Ottawa：Anar Press, 2015.

4. Wilson, Seymour V. "The Evolving Policy of Multiculturalism in Canada." *State of the Art Review of Research on Canada's Multicultural Society*. Multiculturalism and Citizenship Canada, 1992.

5. 边燕杰：《关系社会学：理论与研究》，北京：社会科学文献出版社，2011年。

6. 戴茸：《加拿大文化》，北京：文化艺术出版社，2001年。

7. 姜芃：《加拿大文明》，北京：中国社会科学出版社，2001年。

8. 阮西湖：《加拿大民族志》，北京：中国社会科学出版社，1986年。

9. 王禺：《文化马赛克加拿大移民史》，北京：民族出版社，2003年。

# 第八章　加拿大民俗

民俗学家钟敬文在其主编的《民俗学概论》中指出："民俗，即民间风俗，指一个国家或民族中广大民众所创造、享用和传承的生活文化。"① 因此，民俗又称民间文化，是一个民族或一个社会群体在长期生产实践和社会生活中逐渐形成并世代相传、较为稳定的文化事项，可以简单概括为民间流行的风尚、习俗等。民俗特征的表现形式多种多样，不同地域、不同民族乃至不同国家都有各自的民俗特征。

民俗具有集体性的特征，因为人的根本属性之一就是社会性，每一个个体都不能脱离其所属的群体单独生存，在人类的各种群体活动中，民俗应运而生。民俗也具有传承性，因为民俗是最贴近个人身心和生活的一种文化。每个人在成长过程中，都因民俗传承而潜移默化地学习了一定的知识、技能和道德，获得了一定的能力。在代代相传的过程中，民俗会伴随着人们的生产和生活方式长期相对地固定下来，成为人们日常生活的一部分。同时，民俗也是流动的、发展的。民俗是几千年来社会发展的积累和总结，语言和行为是民俗得以传承的主要工具。民俗在社会的每个阶段都会产生变异，并在变异中求得生存和发展。

民俗涵盖的范围广、分类多，日常生活中有日常生活的民俗，传统节日中有传统节日的民俗，社会组织有社会组织的民俗，人生成长的各个阶段也都有各种民俗的体现。本章由于篇幅有限，仅选择从语言和宗教、节日、饮食、体育运动等方面浅谈加拿大的民俗。在探讨加拿大民俗之前，我们先来了解一个与加拿大社会和加拿大民俗紧密相关的概念：多元文化主义。

---

① 钟敬文：《民俗学概论》，上海：上海文艺出版社，2009 年，第 1 页。

# 加拿大文化概况
## An Introduction to Canadian Culture

## 第一节 多元文化主义

多元文化主义通常指一个社会的主流政治文化承认不同文化和种族的差异性存在，尤其是少数群体的文化和种族差异性。这种承认可以是多种形式的。例如，根据法律对某些文化群体给予特殊保护，或承认某些文化群体的自治权等。多元文化主义既是对现代民主文明文化多元事实的回应，也是补偿一些文化群体过去遭受排斥、歧视和压迫的一种方式。多元文化主义包容社会不同成员的观点和贡献，同时也尊重其差异，不要求其融入主流文化。

众所周知，加拿大是一个移民国家。早在欧洲殖民者到达加拿大以前，加拿大本土原住民内部就呈现出多元化的特征。加拿大原住民主要包括第一民族、梅蒂斯人、因纽特人等50多个民族。在殖民地时期，英法的统治使得当时加拿大社会在文化与国家意识形态方面存在分歧。英法文化在加拿大发展过程中长期相互斗争、相互磨合，为后期加拿大社会多元文化的并存奠定了基础。自19世纪以来，加拿大经历了不同的移民浪潮，每一次新的移民浪潮都会增加这个国家的种族数量，丰富其文化组成。1871年加拿大进行第一次人口普查时，大约一半的人口是英国人，近三分之一是法国人。而后，因为从英国和法国移民的人越来越少，从欧洲、东南亚和拉丁美洲等国家移民的人越来越多，具有英国和法国血统的加拿大人比例已下降到各占四分之一左右。到20世纪80年代，近40%的人口既非英国血统，也非法国血统。到21世纪初，英国和法国血统以外的人占人口的大多数，越来越多的人将自己视为少数群体。

20世纪70年代和80年代，加拿大政府率先将多元文化主义作为解决国内种族、民族矛盾的理论基础，开始推行多元文化政策。皮埃尔·特鲁多担任总理期间，多元文化主义成为加拿大政府的官方政策。《加拿大多元文化主义法案》（Canadian Multiculturalism Act）的通过和《加拿大权利和自由宪章》第27节的内容成为多元文化主义在加拿大的法律背书。1991年的《广播法》（Broadcasting Act）也规定了加拿大的广播系统应反映该国文化的多样性。加拿大的多元文化主义在世界范围内受到赞赏，且通常被视为加拿大的一项重大成就。

加拿大有250多个族裔群体。由于移民群体倾向于在特定地区定居，他们通常保留了自己的文化身份。例如，乌克兰人大部分迁移到草原省份，那里的土地和气候与他们的祖国相似；许多荷兰人选择定居在安大略省西南部平坦肥沃的农田上，在那里他们可以像在荷兰一样种植水果和蔬菜。许多中国人、葡萄牙人、希腊人和意大利人选择在大城市的特定区域定居，如多伦多、蒙特利尔和温哥华等。因此，不同省份的民族构成差异很大，而且超过三分之一的加拿大人认为自己并非单一血统的后代，而是混血儿或多血统后代，这也是加拿大多元文化主义的体现之一。

加拿大有多种不同的民族和文化群体，对于加拿大民众来说，多元文化主义是对许多不同民族传统和文化影响的描述，这些传统和文化影响的统一和共存形成了加拿大独特的文化马赛克［cultural mosaic，区别于美国的"大熔炉"（melting pot），即不同的文化融为一体］，绝大多数加拿大民众都对这种多元文化主义持开放态度并引以为傲。

## 第二节 语言和宗教

语言是文化的一个重要组成部分，甚至可以说没有语言也就不可能有文化，一个民族只有通过语言才能把文化一代代传承下去。一般来说，各个民族都有自己的语言，语言是民族的重要特征之一。语言是在特定的环境中，为了生活的需要而产生的，所以特定的环境必然会在语言上打上特定的烙印。另外，语言是人们交流思想的媒介，因此，它必然会对政治、经济、社会、科技乃至文化本身产生影响。语言是了解民俗不可或缺的一部分。加拿大拥有丰富的语言多样性，这种语言多样性与加拿大人的身份、文化以及他们和不同社区的关系密切相关。

加拿大宪法规定英语和法语为加拿大的官方语言。然而，英语在全国大部分地区占主导地位，只有新不伦瑞克省的官方省级语言为英法双语，而法语是魁北克省唯一的官方省级语言。虽然加拿大的官方语言为英语和法语，但加拿大的语言非常丰富。2021年的全国人口普查统计数据显示，越来越多的加拿大人称其母语或平时在家使用的语言并非英语或法语。

加拿大政府从法律的角度规定，加拿大有三类主要语言。第一类是官方或"宪章"语言（Charter languages），即英语和法语。1985年颁布的《联邦官方语言法》（Official Languages Act）承认了这两种语言的法律地位。第二类是原住民语言，也就是第一民族、梅蒂斯人和因纽特人所使用的语言，但这些语言在联邦一级不受法律保护。第三类是加拿大统计局称为"移民语言"的语言，虽然这些语言在加拿大没有官方地位，但却运用广泛。

## 加拿大文化概况
## An Introduction to Canadian Culture

2021年的加拿大全国人口普查统计数据显示,以英语作为第一官方语言的加拿大人约为2 700万人,约占总人口的75.5%;约780万加拿大人以法语作为第一官方语言,约占总人口的21.4%。其中,约2 000万加拿大人(占总人口的54.9%)认为英语至少是他们的母语之一;约718万加拿大人(占总人口的19.6%)认为法语至少是他们的母语之一。英语是加拿大移民学习的主要第一官方语言,在全国范围内,77%的移民人口会选择英语作为第一官方语言进行学习,而法语仅为19.3%。但在魁北克省,将法语作为第一官方语言进行学习的移民人数却远超将英语作为第一官方语言学习的移民人数。

加拿大约有70种不同的原住民语言,这些语言分为12个独立的语系,传统上由原住民、梅蒂斯人和因纽特人使用。目前,加拿大约有180万人自称为第一民族、梅蒂斯人(欧洲移民和第一民族的混合血统)或因纽特人。其中,约60%为第一民族,约35%为梅蒂斯人,其余大部分是因纽特人,他们加在一起约占加拿大总人口的5%。第一民族中最大的群体是克里族,约12万人。2021年的全国人口普查统计数据显示,在加拿大,共有53种原住民语言的使用者只有不到1 000人,其中16种原住民语言的使用者甚至不超过100人,且这个数字并没有区分能够流利使用这些语言的人数和初学者人数,这意味着对于任何一种原住民语言来说,能够流利使用这门语言的人可能更少。

加拿大统计局将移民语言定义为"英法殖民后的移民所带来的语言"。2021年的全国人口普查统计数据显示,超过884万加拿大人认为他们的母语为移民语言,占加拿大总人口的24.2%。其中,占比最多的移民母语包括旁遮普语(约76万人)、普通话(约73万人)、阿拉伯语(约63万人)、粤语(约61万人)、西班牙语(约60万人)、他加禄语(约59万人)、意大利语(约36万人)和德语(约30万人)。每个省和地区使用最多的移民语言也不尽相同,育空地区、西北地区、努纳武特地区、艾伯塔省、萨斯喀彻温省和马尼托巴省为他加禄语;不列颠哥伦比亚省为旁遮普语;安大略省和爱德华王子岛省为普通话;魁北克省、纽芬兰-拉布拉多省、新斯科舍省和新不伦瑞克省为阿拉伯语。

加拿大社会提倡宗教多元化和宗教自由,宗教多元化和宗教自由也是加拿大政治文化的重要组成部分。在加拿大,只要其宗教活动不违法,每个公民都有信仰任何宗教的自由。

加拿大没有官方国教,但基督教自殖民以来一直是民众的主要信仰。在欧洲殖民者来到加拿大之前,加拿大本土存在的各种土著宗教信仰体系基本上以泛灵

## 第八章 加拿大民俗

论（Animism）或萨满教为主导，主要体现部落对精神和自然的强烈崇敬。16世纪以来，法国殖民者入驻阿卡迪亚，也就是后来的下加拿大省，即现在的新斯科舍省和魁北克省，带来了罗马天主教。英国殖民统治将英国圣公会教徒和其他新教徒带到了上加拿大省，即现在的安大略省。俄罗斯帝国将东正教小范围地传播到了遥远的加拿大北部和西部海岸的部落，尤其是因纽特人所在的游牧民族部落。这些都为基督教在加拿大的宗教主导地位奠定了基础，并带来了深远的影响。例如，《加拿大权利和自由宪章》的序言中提到"上帝的至高无上"（the supremacy of God），加拿大君主的头衔是"信仰的捍卫者"（Defender of the Faith），两种官方语言的加拿大国歌中也提到了上帝。对着圣经发誓是加拿大大多数法律程序的一部分，而且在许多官方活动开始之前，参与者会举行祈祷仪式。

虽然基督教一度是加拿大文化和日常生活的核心和组成部分，尽管大多数加拿大人声称自己与基督教有关联并且相信上帝，但他们认为宗教在日常生活中并不是最重要的。现在，宗教在加拿大普遍被视为私人而非国家层面的活动。

2021年的加拿大人口普查调查数据显示，基督教依然是加拿大最大的宗教信仰，其中罗马天主教教徒最多。基督徒占总人口的53.3%（其中56%为天主教徒），其次是无宗教信仰的人，占15岁以上加拿大总人口的34.6%。近年来，加拿大信仰非基督教宗教的人口数量大幅上升。2021年的加拿大人口普查调查数据显示，伊斯兰教教徒数量占比约为4.8%，印度教教徒数量占比约为2.3%，锡克教教徒数量占比约为2.1%，佛教徒和犹太教教徒数量分别占比约1.0%。信仰非基督教宗教的人口占总人口的比例上升至12.1%。但是整体来看，信奉宗教的人数正在稳步下降，而不信奉任何特定宗教的加拿大人数量大幅增加，且增速很快，这在一定程度上是由于价值观和信仰的代际更替导致的。

2021年的加拿大人口普查调查数据显示，约有1 200万加拿大人声称自己不信仰任何宗教，约占15岁以上加拿大总人口的34%。但是在加拿大，无宗教信仰的状态或程度是较难判定的，因为许多认为自己无宗教信仰的人可能仍然习惯性地相信上帝，甚至相信某些宗教的布道内容，却根本不参加任何有组织的宗教活动。同样，许多认为自己有宗教信仰的加拿大人可能更多因文化或身份的传统因素判定自己信仰某种宗教，却并不在日常生活中真正遵循相关宗教的教义。还有一些加拿大人声称自己为不可知论者，他们和其他许多无神论者通常来自大多数不信教或无神论国家，或是来自具有基督教背景的家庭，但随着时间的推移逐渐远离了自己家庭本身的信仰。

现在，大多数加拿大人认为宗教是私人事务，关于上帝和灵性的讨论只限于教会、家庭或其他具有相同信仰的成员内部，他们很少会和陌生人或非信徒进行宗教话题的讨论。在政治上，也有不少人强烈支持政教分离的概念，或者说，他们认为政治家在执政期间不应该运用自身的政治权力来宣传某一特定宗教的价值观，宗教领袖也不应该使用自身的宗教权力来影响政治进程。但在这样一个包容的时代，对于无论有无宗教信仰的加拿大人，这些规则都代表了某种理想化的行为标准。

## 第三节 节日

节日，是指生活中值得纪念的重要日子，是人民为适应生产和生活的需要而共同创造的一种民俗，也是世界民俗的重要组成部分。各民族和地区都有自己的节日。一些节日源于传统习俗，如中国的春节、中秋节、清明节、重阳节等。一些节日源于宗教，比如基督教国家的圣诞节、复活节等。一些节日源于对人或事件的纪念，比如中国的端午节、墨西哥的亡灵节、各国国庆节等。随着时间的推移，节日的内涵和庆祝方式也在发生变化。

由于历史传统和地理因素的影响，加拿大人庆祝的大多数节日主要是基督教相关节日，和邻近的美国相同。加拿大节日的法律地位因省份而异，许多节日并没有规定官方法定假日。与此同时，加拿大也有一些节日是为了纪念加拿大历史上的特殊日子或事件而设立的。近年来，大多数加拿大节日已经高度商业化，以送礼物和家友聚会为核心。

加拿大的法定假日（也称为公共假日或统计假日）由加拿大联邦或省级和地区立法规定的各种国家的、文化的和宗教的节日组成。在法定假日当天，加拿大雇主依法要求其所有员工休息一天。加拿大政府承认两个全国性的法定假日，即加拿大日（Canada Day）和维多利亚日（Victoria Day）。此外，联邦政府还正式将其他8个节日定为假日，即圣诞节（Christmas）、新年（New Year's Day）、耶稣受难节（Good Friday）、复活节（Easter）、劳动节（Labor Day）、感恩节（Thanksgiving）、纪念日（Remembrance Day）和全国真相与和解日（National Day for Truth and Reconciliation），因为这些节日在大多数省份都是法定假日。由于篇幅有限，大家熟知的西方节日如圣诞节、复活节、感恩节等在此就不做赘述。接下来我们主要讨论几个非常具有加拿大特色的节日。

## 一、加拿大日

加拿大日是加拿大的国庆日，在每年的 7 月 1 日。整个 19 世纪中期，人们都在讨论英属北美殖民地之间建立联邦的可能性。1867 年 7 月 1 日，英国议会通过《英属北美法案》，成立了由上加拿大省、下加拿大省、新不伦瑞克省和新斯科舍省所构成的自治领。同时，该法案也规定了其他殖民地和领土在未来加入自治领的条款，这使得加拿大未来的发展成为可能。加拿大日的确立就是为了庆祝加拿大自治领成立一周年，所以这一节日最初被称为"自治日"。1982 年英国参议院通过了《加拿大法案》（Canada Act 1982），后经王室批准，该节日正式更名为加拿大日。

根据加拿大《联邦假日法》（Holidays Act）的规定，加拿大日为 7 月 1 日，如该日为周日，加拿大日则顺延至 7 月 2 日。在加拿大日这一天，加拿大全国大多数地区都将举办有组织的庆祝活动，通常是户外公共活动，如游行、嘉年华、烧烤、空中和海上表演、烟火表演、音乐会等，政府会为新入籍的公民举行入籍仪式。但从全国范围来看，加拿大日庆祝活动的重点是通常由加拿大总督和首相主持的"正午秀"（Noon Show），也就是在加拿大首都渥太华国会山（Parliament Hill）上举行的大型音乐会和文化展览。

## 二、维多利亚日

维多利亚日为 5 月 25 日之前的最后一个星期一，是加拿大联邦政府规定的公共假日之一。维多利亚日最初是为了纪念维多利亚女王的生日，后来被视为加拿大君主的官方生日。

从 1845 年起，加拿大人就开始庆祝这个节日了。英国长期在位的维多利亚女王（1819—1901）在整个帝国深受民众欢迎和爱戴，她的去世促使加拿大议会宣布这位已故女王的生日（5 月 24 日）为国家法定假日。现在，维多利亚日仍然存在，且加拿大是唯一以法定假日纪念维多利亚女王的国家。

加拿大联邦政府规定，在维多利亚日这一天，所有联邦政府建筑，包括机场、军事基地以及全国范围内的其他皇室所属地，从日出到日落都要悬挂皇家联盟旗（Royal Union Flag）。但由于加拿大国旗的地位优先于皇家联盟旗，因此只有在上述场所设有两支旗杆或以上的情况下才需悬挂皇家联盟旗，以免皇家联盟旗的地位超越国旗。维多利亚日当日正午，首都渥太华和各省首府皆举行鸣21响礼炮仪式。其他地区在维多利亚日晚上会燃放烟花进行庆祝。在加拿大，只有在加拿大日和维多利亚日这两个节假日才会举办由官方组织的焰火表演。对于加拿人人来说，维多利亚日通常和之前的周末一起，被视为一个三天的小长假，所以很多加拿大人也会昵称维多利亚日这个假期为"五月长周末"（May Long）。

在加拿大各地，维多利亚日被视为冬季活动的结束和夏季活动的开始。在维多利亚日这个小长假，许多夏季商业活动，如公园、户外餐厅、自行车租赁、城市旅游运营商等开始营业，人们也会换上浅色的夏装。维多利亚日同时预示新一年播种期的到来。因为从每年的5月中旬开始直到该年的冬天，加拿大全国各个地区都不会再有低于零度的气温，这也意味着各种农作物到了最适合种植的季节。

## 三、全国真相与和解日

全国真相与和解日，俗称橙衣日（Orange Shirt Day），是加拿大所有节日中最新成立的。2021年9月30日是加拿大第一个全国真相与和解日，这个法定节假日的成立是为了纪念在加拿大原住民寄宿学校里遇难的学生，反思殖民主义、种族歧视和原住民文化灭绝等问题。

2021年5月下旬，加拿大原住民在不列颠哥伦比亚省坎卢普斯原住民寄宿学校（Kamloops Indian Residential School）旧址发现了215具无名儿童遗骸，震惊加拿大和国际社会。为此，加拿大议会在6月通过了加拿大政府提出的设立全国真相与和解日的法案。

历史上来看，加拿大对待原住民，虽然没有发生如美国西进运动时那样的大规模屠杀，但加拿大政府创建原住民寄宿学校，使用强迫同化的手段，试图消灭原住民文化，是一种文化灭绝的表现。

加拿大联邦成立后不久，政府认为当时的加拿大由拥有不同文化和身份的民众构成，面临分裂的风险，他们希望打造一个全新的加拿大身份来团结这个国家并确保其后续的生存和发展。从1876到1894年，加拿大政府通过了一系列有关原住民的法案来实现这个目标。具体措施为，从1894年到1947年，原住民儿童必须进入寄宿学校学习生活。这些寄宿学校专为原住民儿童设立，由加拿大政府的原住民事务部出资，各类基督教会进行管理。这些寄宿学校创办的目的就是消除原住民的语言、文化和宗教，并用英语或法语和基督教信仰取而代之，将原住

## 第八章　加拿大民俗

民儿童从他们自己的群体中剥离出来，使其融入加拿大的主流文化。

为了更好地实现这个目的，许多寄宿学校专门设立在远离原住民社区的地方，以尽量减少原住民家庭与其子女之间的接触。同时，为了进一步限制原住民儿童父母的探视，加拿大政府还创立了一套通行证系统，将原住民限制在保护区内。在这些寄宿学校里，学生被强制转化为"已同化公民"，这取消了他们作为原住民的合法身份。这些学生由于与其家庭和文化严重脱节，且被迫说英语或法语，毕业后往往无法融入自己的原住民社区，却仍然遭受加拿大主流社会的种族歧视。这些寄宿学校破坏了父母将原住民语言持续传授给孩子的环境，剥夺了父母向孩子传授原住民语言的机会，导致加拿大 70% 的原住民语言被列为濒危语言。这些寄宿学校也成功地破坏了原住民习俗和信仰在几代人之间的传播，使得原住民群体的创伤后压力综合征、酗酒、药物滥用和自杀率成倍增加，这些现象在今天的原住民社区中仍然存在。

此外，在这些寄宿学校存在的一百多年内（第一所寄宿学校于 1831 年开设，最后一所寄宿学校于 1996 年关闭），加拿大约有 15 万名原住民儿童被安置在这些学校中。由于资金不足，这些寄宿学校的环境十分恶劣，各种问题导致学生的死亡率直线上升，远高于整个加拿大儿童的死亡率，一些学校的学生死亡率甚至高达 30% 或更高。记录显示，大多数学生的死亡发生在 20 世纪 50 年代之前，最常见的死因是肺结核，这也是当时加拿大儿童的常见死因。但学生的死因也包括其他疾病、火灾、事故、溺水、失温等，还有一些学生死于逃离学校的过程中。许多死亡是忽视的后果，因为寄宿学校经常拒绝为学生提供基本的医疗服务或援助。很多学校在学生死后并没有将学生死亡的消息告知学生家属或是将学生遗体送回。因为学校需要自己承担学生死后相关事宜的费用，所以他们选择把死亡学生埋在没有标记的坟墓里。而这也导致直至今日，很多在这些寄宿学校中死亡或失踪的学生身份依然不能得到确认。

全国真相与和解日使用橙色衬衫作为象征的灵感来自菲丽丝·韦伯斯塔德（Phyllis Webstad），一位当时寄宿学校的幸存者。1973 年，六岁的菲丽丝进入了位于不列颠哥伦比亚省威廉姆斯湖（Williams Lake）畔的圣约瑟夫教会寄宿学校（St. Joseph Mission Residential School）。小菲丽丝在上学的第一天穿着一件全新的橙色衬衫，对于在祖母的照顾下长大的原住民女孩来说，穿新衣服是极少却美好的体验，但寄宿学校的老师却让她脱掉新衬衫，换上学校的制服，且没有把她的橙色衬衫还给她。从这一刻起，菲丽丝噩梦般的寄宿学校生活开始了。虽然菲丽丝只在这个学校上了一年学，但在学校被灌输的那种根深蒂固的认为原住民群体毫无价值且无足轻重的教育严重影响了菲丽丝。因此，橙色衬衫被用作寄宿学校剥夺原住民儿童身份、强制同化原住民儿童的象征。

全国真相与和解日选择9月30日这一天，是因为当时在这一天，卡车和公共汽车进入原住民社区，强行将原住民儿童从他们的家庭中带走，并将他们送入寄宿学校。如今，全国真相与和解日的官方标语为"每个孩子都很重要"（Every Child Matters），旨在提醒大家不同种族的文化传承同等重要，也是对加拿大社会多元文化主义的一种回应。在全国真相与和解日这一天，许多社区会举办纪念步行、电影放映、公开讲座等活动，来唤起民众对这一段原住民历史的重视与重新认识。民众也会身着橙色衣服参加规模不等的各种集会活动，以示对在原住民寄宿学校死亡的儿童的追思和对幸存者的支持。人们会在一些寄宿学校旧址、议会、政府大楼等地，摆放大量各式玩偶、童鞋、鲜花等，呼吁查清原住民寄宿学校历史，重视每一个生命。

## 第四节　饮食

饮食文化作为民俗非常重要的构成部分，涵盖内容广泛，包含食材的选择、菜单的制定、烹饪的方法、餐具的选择、食客的座次、食用的顺序等。除此以外，在不同的国家和文化中，日常饮食与节日饮食的不同，饮食的频率、进食的时间等，也都属于饮食文化的重要内容。饮食文化不仅仅是"吃"的问题，还是人类在饮食方面的创造行为及成果，凡涉及人类饮食方面的思想、意识、观念、哲学、艺术等都在饮食文化的范围之内。在全球化的趋势中，饮食文化也有趋同的一面，例如在全球流行的欧美快餐、方便食品和零食等。但饮食文化与历史传统、国家地域、社会习俗、经济水平、民族宗教、个人生活习惯仍然有着密不可分的关系。中国人的吃蕴含着我们认识事物、理解事物的哲理。由于地域特征、气候环境、风俗习惯、社会文化等因素的影响，中西方在原料、口味、烹调方法、饮食习惯上具有不同程度的差异，从而造就了中西方不同的饮食文化。一些西方国家的饮食文化因受其外国移民文化的影响，集各家之所长，结合自身的饮食习惯，形成了自己的特点，加拿大的饮食文化也是如此。

加拿大饮食因地区而异，其最早的饮食文化受到本土原住民饮食以及英法移民饮食的影响。在19世纪和20世纪，来自中欧、南欧、东欧、南亚、东亚和加勒比等地区的移民也逐渐为加拿大饮食带来了不同的文化体验，这也使得准确定义加拿大饮食的整体风格变得不那么容易，但这并不意味着加拿大不存在独具特色的美食。加拿大作家和地理学家兰诺·纽曼（Lenore Newman）认为，加拿大美食具有五个关键特点，即时令性、地区性、多元文化性、青睐野生食物、喜爱原汁原味优于调味。接下来我们通过几种非常具有代表性的加拿大美食来进一步了解加拿大的饮食文化。

## 一、枫糖浆

枫糖浆（maple syrup）是加拿大最具标志性的食物之一，通常是由糖枫（sugar maple）、红枫（red maple）或黑枫（black maple）树的木质部汁液制成的糖浆。在寒冷的气候中，这些树在冬天之前将淀粉储存在树干和根部，然后转化为糖，在冬末和早春在树液中上升。人们可以通过在树干上钻孔来采集枫树液，然后通过加热处理蒸发大部分水分，留下浓缩糖浆。

枫糖浆最早由加拿大的原住民制造和食用，后来在欧洲殖民者中普及开来。世界上几乎所有的枫糖浆都是在加拿大和美国生产的，其中，加拿大的魁北克省是最大的枫糖浆产区，占世界产量的70%。2016年加拿大枫糖浆的出口额为4.87亿加元（约合3.6亿美元），其中魁北克省约占90%。

枫糖浆风味独特，异于普通糖浆，通常用作煎饼、华夫饼、法式吐司、燕麦片或粥的调味品，有时也被用作烘焙原料、甜味剂或调味剂。枫糖浆作为与枫树相关的产品之一，一直以来被认为是加拿大的象征，经常作为纪念品在旅游商店和机场出售。

## 二、肉汁奶酪薯条

肉汁奶酪薯条（Poutine），顾名思义，是一道由炸薯条（French fries）、奶酪凝块（cheese curds）和肉汁（gravy）构成的菜肴，它于20世纪50年代后期出现在加拿大魁北克省的中心地区。早期，这道被很多人认为是垃圾食品的美食给魁北克省带来了一些负面影响和嘲笑的声音，甚至被一些人用来污名化魁北克文化。在20世纪50年代，魁北克这个词在加拿大社会中的定位等同于落后和廉价的劳动力，没有人愿意欣赏这种文化。人们在当时以是否食用肉汁奶酪薯条来定义一个人的社会地位。如果一个人平常以肉汁奶酪薯条作为日常食物，那他就是落后的魁北克人。类似的歧视直接造成了魁北克省与加拿大其他地区人们的矛盾与冲突。加拿大其他地区的人们不愿意把魁北克省的居民当作自己的同胞，魁北克人也觉得自己不被接纳。后来，加拿大政府花费巨额的宣传和营销费用来改善国家内部存在的文化差异，而肉汁奶酪薯条作为魁北克省的标志，同样被大力宣传为国家美食而非地区特色美食，不但成为魁北克文化和魁北克省的象征，甚至在整个加拿大，甚至美国北部及世界其他地区也受到民众广泛的喜爱。

肉汁奶酪薯条中的薯条通常是中等厚度，通过反复油炸来保证薯条外皮酥脆，内里柔软。撒在薯条上的奶酪凝块必须新鲜，大小用量根据菜肴需要进行调整。传统来说，浇在薯条和奶酪上的肉汁应该是一种清淡而稀薄的鸡肉肉汁，略带咸味和胡椒味，这种稀薄的肉汁才能裹满每一根薯条。为了保证薯条的口感，上菜前才会在薯条上撒上奶酪并浇上肉汁。奶酪凝块通常为室温，这样浇上的肉汁才不会使其完全融化，从而保留奶酪凝块有弹性的口感，咬起来会发出"吱吱"的声音。制作肉汁奶酪薯条时，温度、时间的控制以及食材添加的顺序十分重要，因为这样才会保留这道美食最好的口感，带给食客美味的体验。

加拿大记者及美食评论家雅各布·里奇勒（Jacob Richler）曾经指出，因加拿大菜肴与其欧洲根源相似，其原创性总是被忽视，但肉汁奶酪薯条是一个例外。2014年5月，"poutine"一词被添加到《韦氏词典》当中。2016年3月，在美国总统巴拉克·奥巴马（Barack Obama）和加拿大总理贾斯廷·特鲁多参加的一次在白宫举行的国宴期间，肉汁奶酪薯条也被端上了餐桌。如今，每年在蒙特利尔、魁北克市和德拉蒙德维尔，以及多伦多、渥太华、新罕布什尔州和芝加哥都会举办肉汁奶酪薯条庆祝活动，肉汁奶酪薯条已然已成为"加拿大国菜"。

### 三、纳奈莫糕

纳奈莫糕（Nanaimo bars）是一种不需要烤制的甜点，通常由三层不同的食材构成。最下面是由威化饼屑、椰丝和坚果碎构成的基底，中间是奶油味的黄油糖霜做的夹心，最上面是一层巧克力甘纳许。这种甜点因为第二次世界大战后的几年里在加拿大不列颠哥伦比亚省的纳奈莫市普及开来而得名。

第二次世界大战后，经过了多年的按配给量供应，加拿大民众终于可以在市场上自由购买黄油和糖，所以当时出现了非常多制作甜点的食谱。其中，像纳奈莫糕这样不需要烤制的甜点也越来越受到欢迎。加拿大民俗学家戴安娜·泰（Diane Tye）在她的《烘焙传记》（*Baking as Biography: A Life Story in Recipes*）一书中指出，第二次世界大战后，能够享用昂贵且制作耗时的美食被认为是一种身份的象征。尽管制作纳奈莫糕不需要烤制且制作时需要一些价格昂贵的原材料，但当时它对大众的吸引力并不是因为制作它节省时间，而是因为制作时需要一些价格昂贵的原材料，代表了一定的财力。

2006年，纳奈莫糕在《国家邮报》（National Post）的读者投票中被评为加拿大最受欢迎的甜点，它非常符合加拿大民众对甜味浓郁甜点的喜好。

### 四、黄油挞

黄油挞（butter tart），一种小型挞类糕点，是典型的加拿大甜点。黄油挞的内馅由黄油、糖、糖浆、鸡蛋和干果制作而成，将这些材料的混合物倒进挞皮，烤到表皮酥脆、内馅半凝固时，黄油挞就制作完成了。在加拿大，很多家庭都有自己独特的黄油挞做法，因此不同地区不同糕点店做的黄油挞在馅料和软硬程度上有很大不同。黄油挞的历史十分悠久，在1663年至1673年间，大约800名年轻女性从法国前往魁北克地区，为当地的烹饪传统带来了新的欧洲风味，她们因地制宜，利用本土食材，创造了黄油挞的制作方法。从那时起，黄油挞经过不断地传承发展，成为加拿大独特的美食图腾和加拿大文化不可或缺的一部分。例如，在安大略省，人们可以参加全年自助黄油挞之旅，尝遍50多家糕点店的黄油挞。在加拿大人看来，黄油挞大小形状各异，内馅变化丰富多彩，包容性强，是加拿大多元主义文化在美食上的完美体现。

## 第五节 体育运动

每项体育运动都是一种独特的文化体现。长期以来，体育运动不仅通过自身，也通过与之相关的时尚、音乐和独特的体育态度塑造着国家的文化和民众的精神。不充分认识一个国家独特的体育运动文化，就不可能全面了解这个国家的社会风貌和民俗内涵，因为不同民族、国家的文化是与其独特的体育运动紧密相连的。例如，提起乒乓球，大家就会想到中国；说到篮球，美国和NBA也总会被提及；相扑同样是日本文化密不可分的一部分。

无论是为了竞技比赛、团队合作还是强身健体，体育运动一直是加拿大人最喜爱的娱乐活动。从世界范围内来说，加拿大是一个体育强国，尤其是在冬季体育项目方面，因为加拿大的冬季漫长且寒冷，从每年的10月开始一直持续到次年4月，加拿大都是冰雪的世界。所以加拿大民众尤其擅长和冰雪相关的体育运动,加拿大在冬季奥运会上的成就也比在夏季奥运会上更高。例如,加拿大国家男子冰球队代表加拿大参加冬奥会、世锦赛等赛事的男子冰球比赛,他们获得过9次冬季奥运会男子冰球冠军、1次夏季奥运会男子冰球冠军、18次世界男子冰球锦标赛冠军,是获得冬奥会冰球比赛和男子冰球世锦赛冠军最多的队伍。

在加拿大,最常见的运动是冰球、长曲棍球、足球、篮球、冰壶和棒球。其中,冰球和长曲棍球分别是加拿大的官方冬季运动和夏季运动。加拿大统计局数据显示,加拿大人最常参与的十大体育运动为高尔夫、冰球、游泳、足球、篮球、棒球、排球、滑雪、自行车和网球。下面我们通过两种最具加拿大特色的体育运动来进一步了解加拿大的体育民俗。

## 一、冰球

虽然冰上曲棍球(Ice hockey),即冰球的历史可以追溯到19世纪的英国,但现代冰球运动起源于加拿大的蒙特利尔。受到英国殖民者棍球运动和加拿大滨海地区米克马克原住民棍球运动的影响,1875年3月3日,由麦吉尔大学(McGill University)学生詹姆斯·克瑞顿(James Creighton)组织的第一场室内冰球比赛在维多利亚溜冰场(Victoria Skating Rink)举行。那场比赛的一些规则,比如溜冰场的长度和冰球的使用,一直保留至今,成为加拿大冰球比赛规则的内容,国际冰球联盟(International Ice Hockey Federation)后来将加拿大冰球比赛的规则用作冰球项目的官方规则。冰球在加拿大十分受欢迎,是加拿大国家官方冬季运动。在加拿大,无论男女老少,对各级冰球项目的参与程度都很高。

冰球是加拿大青少年参与人数最多的运动之一,也受成年人的欢迎。加拿大每年都会举行若干场冰球比赛,这些比赛也是冬季狂欢节的重头戏。为了举行这些冰球比赛,加拿大各级组织会专门打造户外溜冰场。

加拿大人对于冰球的感情很难用三言两语表达清楚,加拿大人发明了冰球,制定了规则,并且创造了全世界顶级的职业冰球联赛之一——国家冰球联盟(National Hockey League)联赛。目前,国家冰球联盟共有32支球队,其中有7支加拿大本土球队,但活跃在国家冰球联盟联赛赛场上的运动员有一半都来自加拿大。国家冰球联盟联赛的冠军杯是斯坦利杯(Stanley Cup),对于每一位冰球运动员来说,如果自己的名字能够出现在斯坦利杯上,那将是至高无上的荣誉。

1893年,当时的加拿大总督斯坦利爵士也十分喜爱冰球运动,特地花50美元为当时的冰球联盟制作了一个奖杯赠予当时的冠军球队。那时,还没有冰球职业联赛，这个奖杯只是赠予最优秀的业余球队。后来，随着冰球职业联赛的兴起，斯坦利杯的地位也不断上升，最终成为国家冰球联盟的最高荣誉。

同时，冰球一直以来也是加拿大民众民族情绪和文化认同的重要依托。在加拿大历史上，一些和民族认同感和自豪感相关的事件都与冰球相关。例如，1972年冰球巅峰大赛（Summit Series）是苏联与加拿大首次以最高水准的球员阵容对垒的冰球赛事。加拿大冰球在20世纪上半叶一直处于领先地位，几乎垄断所有国际赛事。而第二次世界大战后，苏联冰球迅速崛起，打破了加拿大的垄断地位。那时候的奥运会等国际赛事只准许业余选手参赛，但因为对"业余"定义不同，苏联国家队的代表在西方眼中都是职业球员；而加拿大最顶尖的冰球运动员都因不是"业余选手"而不能参赛，导致加拿大在国际赛事上多次输给苏联。加拿大希望以最强阵容与苏联一较高下，而苏联也想吸收与加拿大最顶尖球员比赛的经验，所以1972年国际冰球联盟批准了加拿大冰球总会（Hockey Canada）的申请，在允许使用职业球员的情况下与苏联进行合共8场系列赛。在当时冷战的环境下，这场系列赛被两国民众赋予了政治意义和爱国情绪，这场系列赛也成为加拿大历史上重要的一页。7场比赛之后，双方各3胜3负1和，最后一场比赛至关重要。比赛在1972年9月28日举行，当天加拿大几乎全国停摆，因为超过一半的加拿大人都在收看或收听这场比赛。当比赛只剩34秒的时候，加拿大球员保罗·亨德森（Paul Henderson）接应队友的射门进球，使得僵持在5比5的比赛在最后一刻被加拿大队以6比5反超，赢得最后一场，并以4胜3负1和打败苏联，取得巅峰大赛的冠军。虽然离1972年的巅峰大赛已经过去了很久，但这场系列赛在加拿大民众心中却仍然十分重要，现在的加拿大人也以赢得了这场比赛而感到自豪，更有很多人将它视为加拿大文化史上的重大里程碑。

2022年，北京时隔14年再次迎来奥运盛会，成为名副其实的"双奥之城"。虽然冰雪运动在我国起步较晚，许多项目由于条件的限制在我国的普及程度不高，但本次冬奥会上，中国队基本实现了全项目参赛，而中国男子、女子冰球队也在赛场上给观众乃至世界留下了令人印象深刻的表现。

## 二、长曲棍球

长曲棍球（Lacrosse）起源于17世纪的加拿大，是北美最古老的有组织运动。比赛时，球员使用顶端带有网状袋子的长棍来携带、传球、接球和射门。长曲棍球号称世界上最快的球类运动，它是一项结合了足球、篮球及曲棍球特点的团队运动。长曲棍球队员在场上需要使用袋棍抛掷球进行快攻快守，对运动员的手脚协调、基本技术以及团队合作能力有非常高的要求，在该项运动的男子比赛中还包含了类似美式橄榄球比赛中的激烈身体对抗。

长曲棍球可以细分为室外长曲棍球、室内长曲棍球以及男子长曲棍球和女子长曲棍球，其中，男子室内和室外长曲棍球比赛都属于接触性运动，所有运动员都必须穿戴头盔、手套、肩垫和护肘等防护装备。而女子长曲棍球比赛通常在室外举行，不允许产生身体冲撞和接触，但允许棍棒接触，女球员唯一需要穿戴的防护装备是护目镜。一般来说，室内长曲棍球比赛比室外长曲棍球比赛更加受到民众的欢迎。

加拿大原住民是长曲棍球的发明者，早在欧洲殖民者到来之前，原住民就开始了这项运动。最早的长曲棍球比赛在当时可能是持续数天的大型赛事。参赛者为来自两个不同村庄或部落的男子，人数多达100甚至1 000人。比赛在位于两个村庄之间的开阔平原上进行，场地范围从400多米到10公里不等，比赛时间通常是从日出到日落。原住民举行长曲棍球比赛的目的多种多样，有时是为了解决部落间的争端，有时是为了增强年轻战士的战斗力，有时是为了节日时的娱乐，有时也出于宗教祭祀的原因。

长曲棍球在加拿大的起源和发展历史使得许多球迷坚定地认为长曲棍球才是加拿大的国球，长曲棍球和冰球的"国球之争"也是两种球迷一定要争出高下的热议话题。直到1994年，《加拿大国家体育法案》（National Sports of Canada Act）的通过终于解决了这项争端，该法案规定冰球为加拿大官方冬季运动，而长曲棍球为加拿大官方夏季运动。然而，对于许多长曲棍球爱好者来说，长曲棍球一直是唯一的国家运动。比如，在不列颠哥伦比亚省新威斯敏斯特（New Westminster）的加拿大长曲棍球名人堂（Canadian Lacrosse Hall of Fame）里，介绍球员的青铜牌匾上依然写着"加拿大国球"字样。

## 本章小结

加拿大这个移民国家的属性决定了加拿大民俗深受多个民族民俗的影响。加拿大政府鼓励多元文化的并存和发展，不同的民族团体保留了各自的文化传统习俗，同时尊重其他民族的习俗和传统，民族的包容性是加拿大人生活的一大特点。然而，同英国殖民者和法国殖民者所带来的民俗传统相比，加拿大本土原住民民俗传统的发扬光大还在进行中。而且，加拿大的多元文化主义政策虽然使移民的身份合法化，但却削弱了原住民作为少数民族的重要性。

**思考题**

1. 简述加拿大民俗文化的特点。
2. 结合案例，谈一谈中加饮食文化的相同与不同之处。
3. 结合实际，谈一谈中加体育文化的相同与不同之处。
4. 简述你对加拿大全国真相与和解日的看法。
5. 简述你对民俗文化的理解。

**本章推荐阅读**

1. 威尔·金里卡：《少数的权利：民族主义、多元文化主义和公民》，邓红风译，上海：上海译文出版社，2005年。
2. 原一川：《中国—加拿大民族与文化多元性比较研究》，上海：上海交通大学出版社，2012年。
3. 王俊芳：《多元文化研究：以加拿大为例》，北京：中国书籍出版社，2013年。
4. 钟敬文：《民俗学概论》，上海：上海文艺出版社，2009年。
5. Holtmann, Catherine, eds. *Exploring Religion and Diversity in Canada: People, Practice and Possibility*. Gewerbestrasse Charm, Switzerland：Springer International Publishing, 2018.
6. Morrow, Don & Kevin Wamsley. *Sport in Canada: A History*. Don Mills, Ontario：Oxford University Press, 2010.
7. Truth and Reconciliation Commission of Canada. *Canada's Residential Schools: The Final Report of the Truth and Reconciliation Commission of Canada*. London：McGill-Queen's University Press, 2015.

# 第九章　加拿大音乐

"一个国家和民族的文明是一个国家和民族的集体记忆。人类在漫长的历史长河中，创造和发展了多姿多彩的文明。一切文明成果都值得尊重，一切文明成果都要珍惜。"[①]每一种文明都是在特定的自然环境、历史背景、民族传统中生长起来的。作为人类文明的重要组成部分，音乐不仅是人类思想表达与情感交流的重要手段，而且具有显著的区域文化发展的线索特征。

加拿大文化源于古老的北美原住民文明，经历了法英殖民时期的发展，最终形成于20世纪初。其音乐文化与世界音乐文化血脉相连，且拥有独一无二的加拿大特色。加拿大从一个多元民族音乐的汇聚地逐步发展为北美乃至世界的音乐殿堂，音乐已成为其文化塑造不可或缺的重要元素。

## 第一节　加拿大音乐概况

加拿大是一个典型的移民国家。大量的移民不仅成为加拿大历史发展的核心，也将各具特色的民族文化带到了这里。

1988年，加拿大颁布了世界上第一部《多元文化主义法》，确保每个加拿大人能够平等参与国家政治经济及社会文化生活，且不同民族享有保留和发展本民族文化的权利和自由。这种多元包容的文化格局奠定了加拿大音乐文化的现实基础。从加拿大历史来看，其音乐主要基于三个部分：原住民传统音乐、法英民族音乐和新移民音乐。缤纷斑斓的多元音乐文化不仅是加拿大历史的重要组成部分，更在其发展进程中，日益彰显出加拿大独特的文化气质。

---

[①] 习近平，《文明交流互鉴是推动人类文明进步和世界和平发展的重要动力》，《求是》，2019年第9期。http://www.qstheory.cn/dukan/qs/2019-05/01/c_1124441540.htm.

# 第九章　加拿大音乐

## 一、原住民传统音乐

加拿大最早的原住民是北美印第安人，他们自称为加拿大"第一民族"，以强调其主权和先居地位。印第安人与之后从东西伯利亚经白令海峡移居到加拿大北部的因纽特人，被认为是加拿大原住民主体。传统音乐是加拿大音乐非常重要的组成部分。

### （一）印第安人音乐

印第安人是北美洲最古老的居民。15世纪末，意大利航海家哥伦布发现了美洲大陆及生活在这里的印第安人。作为世代居住于此的加拿大原住民，印第安人一直相信音乐和舞蹈可以实现与祖先或神灵的对话，巫师往往就是半职业乐师。印第安人热衷于音乐表达，他们的传统中有宗教仪式歌、萨满歌[①]、武士歌、猎人歌、巫医歌、情歌等。舞蹈则有熊舞、蝴蝶舞等多种形式。熊是许多印第安部落的图腾，熊舞是祭祀时跳的舞蹈，而蝴蝶舞则由身披美丽毛毡的少女表演，舞蹈动作模仿翩翩起舞的蝴蝶。这些歌舞的内容多源自印第安人的日常生活。

印第安人的传统乐器包括无孔或有孔的竖笛、抓鼓等。古老的印第安竖笛是木笛，主要由香柏木或上等水松木手作而成。印第安木笛的音阶是按照小调音阶排列的五声音阶，偶有六音阶或七音阶，节奏丰富多变。木笛虽音量不大，但音色特别，或悠远空灵，或辽阔苍凉，给人一种穿透云雾的感觉。笛声和着轻柔的鼓韵，浑厚深沉。

印第安人的传统乐器中还有一种排笛，类似于中国的排箫，现仍常见于北美地区。排笛由长短不同的竹管或木管按音阶编排而成。竹制排笛音色高亢明亮，木制排笛音色圆润柔和。另外还有一些体鸣乐器，如手摇响器、梆子类乐器、摩擦类乐器等，几乎没有弦鸣乐器。

印第安音乐的旋律多以大二度和小三度为基本音程，所用节拍包括均分律动和非均分律动。均分律动的歌曲或舞曲，强拍出现很有规律，节奏整齐有力，多为齐唱或一领众和。多用鼓做伴奏，一拍一击或两拍一击。非均分律动的作品大多为独唱或对唱的民歌，旋律具有吟诵性特点，节奏不甚齐整，速度比较自由。

---

[①] 在信奉萨满教的满族、达斡尔族、鄂伦春族、鄂温克族及赫哲族人心中，萨满是族神的化身，萨满歌为祀典歌。

印第安音乐的旋律大致有三种较有特点的进行方向：直线下行形式，即全曲从高音区开始，随着旋律的展开而不断下降，最低音为音乐终点；半抛物线式，即旋律从中音区开始，很快就上升到高音区，然后逐渐往低音区进行，结束在低音区；弧线下行形式，即整个旋律以由高音区到低音区的展开为主要趋势，但又间插以由低音区往高音区进行的弧线。

### （二）因纽特人音乐

因纽特人喜欢通过歌舞表达自己的情感及对生活和自然的感受。他们用歌声述说能想到的所有事物，如战争、各种动物、打猎凯旋、传奇人物、爱情等。有的歌曲是流传已久的古老民歌，有的则是即兴演唱。每个人、每个家庭甚至每个村落都有属于自己的歌曲。对因纽特人而言，歌曲被认为是私人所属，是可以作为礼物进行馈赠的。

因纽特人的传统音乐中有儿歌、故事歌、宗教歌、舞蹈歌、游戏歌等。因纽特妇女间有一种比赛声音技巧的游戏，叫作"喉鸣游戏歌"（Throat Singing），因纽特语为"Katajjaq"（有译为"卡塔夹克"），流行于魁北克省北部和巴芬岛（Baffin Island）一带。两位歌手面对面站立，用手抱住对方，用咽喉部发出高音或低音、长音或短音、吐气音或吸气音等。出色的歌者可以一个人完成两个声部，甚至多个声部，并组合出各种各样的声音效果，非常奇妙。喉鸣游戏歌已被认定为加拿大非物质文化遗产。

因纽特人的歌曲多为无半音五声音阶的旋律，其旋律形式通常为上行或下行模式。其他的旋律风格则类似咏诵性歌曲，以均匀定时的长音符递进。他们的歌曲音域不宽，多在五度或八度之内，多为二拍节奏。

加拿大因纽特人生活在北极圈附近，冬夜只能看到北极光，因此唱歌便成了他们消磨时光的音乐游戏。每当极夜过去，人们总会以歌舞来欢庆太阳的回归，这就是因纽特人传统的"舞蹈歌"。歌唱时，人们用发声与静默的迅速切换来模仿季节的变化，用喉音或鼻音模拟动物的声音。舞蹈歌又称"鼓舞歌"，即一边击鼓一边歌唱，是因纽特人最重要的歌唱形式。在加拿大，"鼓舞歌"通常是一个人打着鼓边歌边舞的单独表演，周围的人只是一起唱歌而并不参加舞蹈。但在阿拉斯加，"鼓舞歌"则多由十多个鼓手共同参与。他们一边以整齐的节奏打鼓，一边唱歌，舞蹈也多以五六个人为一组。"鼓舞歌"的歌词通常有两种类型：一是没有实际意义的衬词，如全部只唱"哎、哎啊呀"；二是有实际意义的歌词，如歌唱关于捕鱼或狩猎生活的"我带着狗滑着雪橇去打猎，我想到熊会出现的时候，它果真出现了……"等。

因纽特人的传统乐器主要为鼓，是一种将动物皮拉伸并绷在木质鼓架上制成的单面鼓，鼓面常绘有象征意义的装饰图案。他们将鼓拿在左手上，在身体的舞动旋转中猛地将鼓撞向右手的鼓槌，而不是用鼓槌去敲击鼓面。这种独特的演奏方式使"鼓舞歌"兼有了个人表达、娱乐及一定的社会功能。对于因纽特人，鼓还有一个很大的作用，就是传送来自意识、宇宙、祖先的信息，从而让希望和勇气延续。

## 二、法英民族音乐

17世纪初，法国和英国相继在加拿大建立殖民地，大批法英移民来到加拿大，也从欧洲本土带来了法英两大"建国民族"的宗教及传统音乐。

### （一）法国民族音乐

1605年，法国在北美建立了第一个殖民点罗亚尔港（Port Royal）。1608年，塞缪尔·德·尚普兰在魁北克建立法裔定居点，法国正式开始了在加拿大地区的殖民统治，魁北克成为新法兰西首府。这些最早来到加拿大的法国移民多为农民、樵夫、渔夫和海员，他们带来了很多法国民歌。20世纪初，在加拿大搜集到的法国民歌多达两万多首，成为加拿大早期音乐文化的重要内容。这些歌曲中，有很多海员歌，包括劳动号子型的起锚歌、航海行程中海员们唱的抒情歌或叙事歌等，有些歌词可长达50～60段。

在加拿大法语地区，除了移民带来的法语传统民歌，还有大量以加拿大历史为创作背景的法语歌曲，如著名的《流浪的加拿大人》（*Un Canadien Errant*）。这首歌是由19世纪魁北克浪漫主义诗人、小说家及史学家安托万·杰林·拉霍伊（Antoine Gérin-Lajoie）在1842年创作的一首法语歌，原唱为法裔加拿大歌手伊娃·高蒂尔（Eva Gauthier）。《流浪的加拿大人》以1837—1838年加拿大魁北克省法裔激进分子反抗英殖民政府统治的武装运动（Lower Canada Rebellion）为创作背景。当年，武装运动失败后，很多法裔反抗者被处决或被流放到美国，被迫离开了自己的家乡。在加美边境，有一条长约120公里的克鲁伊河（The Saint Croix River）。歌词描写的正是被放逐者们在河边望着滚滚的河水思念家乡的情景。河水引发了被流放者深深的思乡之情，他们默默吞咽的热泪，浸满对故土难舍的眷恋。歌曲最早由长笛、单簧管和大提琴等伴奏，4/4 拍的舒缓节奏，表达了流浪者孤独、凄凉、悲伤的情感。对历经放逐之痛并渴盼亲人团聚的加拿大人来说，这首歌非同寻常，先在魁北克法语地区广为流传，后在加拿大及世界各地传唱。这首带有特定历史背景的加拿大法语歌曲再现了法裔移民在加拿大历史上的遭遇，也对 1755—1763 年遭受英国殖民者大规模驱逐的法裔阿卡迪亚人①具有一定意义。

### A Wandering Canadian

*Translated by Edith Fowke*

Once a Canadian lad, exiled from hearth and home,
Wandered alone and sad, through alien lands unknown.
Down by a rushing stream, thoughtful and sad one day,
He watched the water pass, and to it he did say;
If you should reach my land, my most unhappy land,
Please speak to all my friends, so they will understand.
Tell them how much I wish that I could be once more,
In that beloved land that I will see no more,
My own beloved land I'll not forget 'til death.
And I will speak of her with my last dying breath,
My own beloved land I'll not forget 'til death,
And I will speak of her with my last dying breath.

## （二）英国民族音乐

英国殖民者在 1497 年发现纽芬兰岛并宣布其为英国领土，直到 17 世纪初才向加拿大大量移民，随之带来了大量英国民歌。

在加拿大英语地区流行最早的英语民歌是《巴布利艾伦的可爱的苏格兰之

---

① 阿卡迪亚人是加拿大最早的法语移民，是魁北克地区外一个重要的法语族群。1604 年，他们从法国来到加拿大东部的一个无名岛屿，并将其命名为阿卡迪亚（Acadia）。传说中阿卡迪亚是古希腊波罗奔尼撒半岛中部山区的一个小村庄，村民们过着田园牧歌的生活，文学作品中阿卡迪亚被描绘成希腊的世外桃源。初到加拿大的法国移民把他们生活的地区称为"阿卡迪亚"，表达了对美好宁静的居住地的深厚情感。1710 年，英国殖民者征服了阿卡迪亚，但法裔阿卡迪亚人一直拒绝向英国君主宣誓效忠。1755 年后，阿卡迪亚人遭到英国殖民当局的放逐。他们不仅失去了家园，还失去了曾拥有的权利和原有的生活方式。

歌》（*The Little Scotch Song of Barbry Allen*），这首古老的苏格兰民歌已有 60 多种变体流传于加拿大全国。弗朗西斯·齐尔德①（Francis James Child）曾编录了含 77 首歌曲的《英格兰和苏格兰流行民歌集》（*The English and Scottish Popular Ballads*）。另外还有一些歌曲，如《伊莎贝尔夫人和矮骑士》（*Lady Isabel and the Elf-Knight*）、《兰德尔勋爵》（*Lord Randall*）、《甜蜜的三一节》（*The Sweet Trinity*）等。这个时期大多数英语民歌都是叙事歌曲，涵盖远征、战斗、航海、爱情、宗教等题材。英国民间舞蹈如剑舞（The English Sword Dance）和摩尔斯舞②（Morris Dance）也传入加拿大。英国移民们定居加拿大后，还创作了许多关于当地生产生活的英语民歌，如《红河谷》（*Red River Valley*）等。

加拿大红河源于美国明尼苏达州西部的冰川湖。这条河从南向北一直流入加拿大马尼托巴省的温尼伯湖，全长 498 公里。1812 年，首批苏格兰移民来到加拿大红河地区，建立了红河拓居区。当时那里是一个大草原，经过移民数十年的辛勤劳动，终于成为加拿大富饶的小麦产区之一。《红河谷》的歌词正是描绘了这一社会历史图景。歌曲回顾了英国移民艰苦创业的历史，也表达了人们对美好生活的向往。《红河谷》以中速 4/4 拍的节奏和歌谣体的形式，体现歌曲的叙事性特点。歌曲的音域不宽，只有一个八度，旋律十分悦耳动听。这首歌最早传唱于加拿大中南部地区，1896 年前至少在加拿大五个省被发现，后在 1896 年首次以乐谱形式出现，并流传至世界各地。因版本较多，歌曲的原作者、创作时间及创作地点已无法查证。

**Red River Valley**

Oh, the buffalo's gone from the prairie,
And the land will wait the coming of man,
To awaken to life and be merry,
And to bloom at the touch of his hand.
Golden grain waits to cover these spaces,
Mighty cities are waiting their birth,

---

① 弗朗西斯·齐尔德（1825—1907），美国民俗学家和教育家，他收集的歌谣被称为"齐尔德歌谣"。
② 摩尔斯舞，英国民间男性舞蹈，属仪式性舞蹈，多在复活节前、圣灵降临节期间表演。男人们头戴插满鲜花的帽子，手里拿着两条白手帕，小腿上挂着的小铃铛随着舞步发出悦耳的声音。舞蹈旋律欢快，节奏感很强。

Welcome folks of all faith and all races,

To this beautiful corner of earth.

## 三、新移民音乐

除了法英早期移民，加拿大为了实现高速发展，长期接纳来自世界各地的移民。除了意大利移民、德国移民、印度移民及大批华人移民，美国人也因就业等原因大量涌入加拿大。新移民带来的其他族裔文化在加拿大碰撞交融，世界各地的民族艺术在加拿大得以留存，百花竞艳。

每年盛夏 7 月，温哥华会举办意大利风情节（Italian Day Vancouver）。风情节每年都有不同的主题，除各种音乐演出外，还有时装、设计、手工、跑车、美食等。节日期间的演出者多为意大利移民，表演意大利语歌曲及意大利流行音乐。除此之外，加拿大还有北欧风情节、希腊风情节、欧洲文化节、韩国文化节、日本文化节等。

据 2023 年加拿大移民局数据，当年中国移民人数位列加拿大移民总人口第二。[①] 早在 1858 年，加拿大弗雷泽河一带发现金矿，就吸引了大批中国人从香港及内地前往加拿大。19 世纪 80 年代，加拿大修筑太平洋铁路，又有大批华工来到加拿大。1970 年 5 月，中国与加拿大正式建交，中国移民源源不断来到加拿大，华裔逐渐成为加拿大第三大族群，随之而来的中国音乐也成为加拿大民间音乐的重要组成部分。在加拿大，华人学校都有传统的民乐团。在多元文化节或春节等大型活动中，都会有武术和狮子舞等中华传统文化特色表演。移居加拿大的一些华人音乐家也以精湛的表演技艺在当地传播着中国传统音乐文化。

在当代加拿大乐坛，华裔女音乐家雷德媛（Alexina Diane Louie）是最具声誉且作品上演次数最多的当代作曲家之一。她是第三代华裔加拿大人，祖籍广东渡头。她擅长结合东西方音乐进行创作，曾两次获得朱诺奖（Juno Awards）[②]。同时，她还获得加拿大国家二等官佐勋章（Officer of the Order of Canada）、女王金禧勋章（Queen Elizabeth II Golden Jubilee Medal）、女王钻禧奖章（Diamond Jubilee of Queen Elizabeth II）、安大略省荣誉勋章（Order of Ontario）、朱尔斯·莱杰室内音乐奖（Jules Léger Prize for New Chamber Music）、国家音乐奖、国

---

① https://www.canada.ca/en/immigretion-refugees-citizenship/html.

② 朱诺奖是授予加拿大杰出音乐家及音乐团体的奖项，其重要性及影响力被视为等同美国格莱美音乐奖。

家艺术中心作曲家奖等。她的作品《永恒的大地》(*The Eternal Earth*) 1986 年首次公演即受到热烈欢迎，其中使用了大量中国传统乐器来表达对大地龙神的召唤。加拿大观众评价她的作品很有异国风味，包含浓郁的东方尤其是中国的传统韵味。雷德媛在诠释自己的另一部作品《抱虎归山 2》(*Bringing the Tiger Down from the Mountain II*) 时表示，创作中很多灵感源自中国太极。在以大提琴演绎老虎的低吼、咆哮和哭泣时，一些滑音的演奏技巧则借鉴了中国的古琴。

新移民带来的各族裔音乐促进了加拿大音乐的繁荣，为加拿大音乐发展提供了宽厚的土壤和广阔的创作空间。加拿大当代音乐家们更强调个体风格与创新。加拿大快速涌现出众多独立音乐人，造就了加拿大音乐世界的多姿多彩。

## 第二节　加拿大音乐发展史

加拿大各类早期传统音乐为加拿大音乐文化奠定了坚实的基础，历经几个世纪的发展，加拿大音乐已蓬勃多姿，从本土走向世界。

### 一、18 世纪前加拿大早期音乐

加拿大早期音乐主要包括原住民传统音乐、法英早期移民带来的欧洲传统音乐等。1605 年法国的第一个殖民点建立，大量的法语歌曲、舞蹈及法国乡村小提琴等乐器出现在新法兰西地区，同时期还出现了大量的宗教音乐。

天主教教会在魁北克建立了大量学校，传播宗教的同时也开展音乐教育，这被普遍认为是加拿大最早的音乐教育活动。宗教音乐的传播对加拿大早期音乐发展起到了非常重要的普及和推动作用。法国传教士们不仅教当地儿童学唱礼拜诗，还教他们演奏小提琴、吉他、横笛、小号等欧洲乐器。1635 年，一所天主教耶稣派学院在魁北克的一座小楼房里成立。这个不大的学校向孩子们和未来的牧师们传授格里高利圣咏（Gregorian Chant）[①] 以及音乐记谱法。1639 年，乌尔苏拉会的修女们建起了乌尔苏拉会学院和乌尔苏拉会修道院（Ecole des Ursulines/The Ursuline Convent）。在一份乌尔苏拉会学院的档案中记载，学院曾开设风琴、竖琴、钢琴、吉他、手风琴及声乐等课程，其中一名叫玛丽的修女（Marie de St. Joseph）曾教授当地的印第安儿童和法裔女孩弹奏六弦琴和演唱圣歌。玛丽有着

---

[①] 格里高利圣咏常用于天主教会的礼拜仪式，以教皇格里高利一世命名。歌词主要来自圣经和诗篇，因其宗教性，旋律音调均较平缓，音域不宽。

一副美妙的歌喉，音乐造诣颇高，被认为是加拿大历史上最早的音乐教师之一。

《耶稣会纪事》（*Jesuit Relations*）1645 年卷中提到了出现在加拿大的欧洲小提琴。1647 年，加拿大第一座天主教堂即魁北克圣母大教堂（Notre-Dame de Québec Basilica-Cathedral）建成。它也是魁北克地区第一个有文字记载的唱诗班所在地，并从欧洲购入了加拿大第一台管风琴。以宗教活动为主要创作目的的教堂音乐成为加拿大音乐的一个重要组成部分。

## 二、18 世纪加拿大音乐

1763 年，随着英法争夺加拿大统治权的七年战争结束，法国在加拿大的主导势力逐渐退出。加拿大和新法兰西地区都转入英国殖民者手中，英国文化的移入成为这一时期的主题。英国殖民者通过基督教新教教会及教会学校，使自己的文化得以衍生。从历史上看，宗教音乐在 18 世纪的加拿大占有很大比重。那个时代的音乐人往往也会作为教堂的唱诗班领唱，或教堂管风琴演奏员。

之后，乐队这一音乐演出团体逐渐出现。乐队常以木管乐器和铜管乐器为主，在游行、节日庆典、乡村舞蹈表演及社交舞会等场合进行表演。18 世纪 70 年代，加拿大出现了定期举办的音乐会，欧洲歌剧选段也开始登上舞台，加拿大本土歌剧也在这个时期应运而生。1764 年，加拿大第一个音乐厅在魁北克建成。1789 年，魁北克作曲家、诗人及剧作家约瑟夫·奎斯（Joseph Quesnel）创作了歌剧《柯拉和柯莉奈特》（*Colas et Colinette*），该剧被认为是加拿大甚至北美地区的第一部歌剧。同年，在哈利法克斯演出了亨德尔（George Frederic Handel）的弥撒曲。1790 年，在魁北克演出了海顿（Joseph Haydn）和莫扎特（Mozart Wolfgang Amadeus）的作品。至此，欧洲的专业音乐逐渐在加拿大的音乐文化中成为主导。

1789 年，英国人在蒙特利尔建立了音乐学校。随着加拿大音乐教育的发展，越来越多的师生需要使用乐谱。同时，原住民们的传统歌舞长期以来都是以口头形式代代相传，人们逐渐意识到对民间音乐进行记录整理及印刷出版非常重要。借助当时欧洲印刷出版业强劲的发展势头，音乐作品的印刷出版及发行也随之在加拿大兴起。加拿大早期出版发行的乐谱主要为约瑟夫·奎斯创作的两部歌剧《柯拉和柯莉奈特》和《卢卡丝和赛西莉》（*Lucas et Cécile*）。同期，加拿大诞生了专业音乐人。

## 第九章　加拿大音乐

### 三、19 世纪加拿大音乐

19 世纪之初,欧洲的古典主义音乐和浪漫主义音乐流入加拿大,华尔兹、波尔卡、快步舞等非常流行,随之亦涌现出大量乐团。1800 年,加拿大出版商约翰·尼尔森(John Neilson)出版了加拿大最早的圣歌集。

1807 年,长期居住在加拿大的英国画家及作家乔治·赫瑞特(George Heriot)在他的《穿越加拿大》(*Travels Through the Canadas*)一书中,不仅描述了加拿大如画的自然风光,还提及了人们对于音乐舞蹈的热衷。"The whole of the Canadian inhabitants are remarkably fond of dancing and frequently amuse themselves at all seasons with that agreeable exercise."[①] 在 19 世纪,音乐舞蹈已经在加拿大社会及民间广泛普及。

1831 年 9 月,蒙特利尔《蜜涅瓦周报》(*La Minerve*)开创性地刊登了音乐作品,这在当时具有非常积极的意义。加拿大地广人稀,民众在读报的同时也能接触到最新的音乐信息,这为流行音乐的传播奠定了社会基础。

1815 年到 1850 年间,大量的英国移民涌入加拿大,在一定程度上加快并拓宽了加拿大音乐文化的发展道路。1844 年,塞缪尔·诺德海曼(Samuel Nordheimer)在多伦多开了一家音像商店,不仅出售钢琴,还出版乐谱。这家音像店是加拿大最早的专业音像出版商。他们曾一度拥有亚历山大·缪儿(Alexander Muir)创作的歌曲《永远的枫叶》(*Maple Leaf Forever*)的独家版权,而这首歌在《啊,加拿大》(*O Canada*)正式成为加拿大国歌之前,一直被当作加拿大非官方版国歌。

1857 年,加拿大麦吉尔大学建立了一所新教徒师范学校,同时招收男女学生。在这个学校的基础课程中,音乐被指定为必修科目。1870 年,加拿大的几所音乐学院开始向社会敞开大门,通过弦乐和管乐教学,为社会各阶层人士提供学习音乐的机会。

1876 年诞生了加拿大 19 世纪非常著名的一首歌曲——《一个甜蜜而庄严的想法》(*One Sweetly Solemn Thought*)。这首歌由知名女诗人菲比·凯瑞(Phoebe Cary)作词,加拿大作曲家兼唱诗班指挥罗伯特·安布罗斯(Robert Ambrose)

---

[①] The Musical Background of Canada. https://www.pianotv.net/2018/03/the-music-of-canada-canadas-classical-backstory/.

配曲。这首歌随着福音派信徒的演唱而广为流传。

**One Sweetly Solemn Thought**

Comes to me o'er and o'er,
Nearer my home today am I,
Than e'er I've been before.

Nearer my Father's house,
Where many mansions be;
Nearer today, the great white throne,
Nearer the crystal sea.

Nearer the bound of life,
Where burdens are laid down;
Nearer to leave the heavy cross,
Nearer to gain the crown.

But lying dark between,
Winding down through the night,
Is the deep and unknown stream,
To be crossed ere we reach the light.

Father, perfect my trust!
Strengthen my pow'r of faith!
Nor let me stand, at last, alone,
Upon the shore of death.

Be Thee near when my feet,
Are slipping o'er the brink;
For it may be I'm nearer home,
Nearer now than I think.

## 四、20 世纪加拿大音乐

在 1877 年留声机出现之前，加拿大音乐作品多以分页乐谱的形式发表或刊登在报纸杂志上。留声机出现的早期，加拿大人购买的大部分唱片都来自美国或

## 第九章 加拿大音乐

英国。在那些国际热门歌曲背后，也时常会有一些加拿大词曲作者的身影。罗伯特·那萨尼尔·德特（Robert Nathaniel Dett）就是"美国作曲家联盟"成立初期的首批加拿大作曲家之一。他的作品经常出现在纽约交响乐团的演出节目单中，他本人作为钢琴家及合唱指挥也会在卡内基音乐厅及波士顿交响音乐厅进行演出。

第一次世界大战期间，加拿大虽未直接参战，但也深卷其中。战争在一定程度上催生了大量流行音乐的创作，如蓝调（Blues）、爵士乐（Jazz）等。1918年，加拿大第一家唱片公司成立。1920年，加拿大第一家私营商业广播电台开始在蒙特利尔广播。1922年，加拿大第一家法语广播电台成立。到1923年，加拿大已拥有34家私营广播电台，这大大促进了爵士乐在加拿大的普及。1932年，加拿大国会通过了第一个国家广播法案，成立了加拿大广播委员会。在规范各私营广播电台的同时，加拿大于1936年成立加拿大国家广播公司（CBC，Canada Broadcasting Corporation）。在此阶段，CBC具有竞争者和管理者的双重身份，公共广播占据主体地位。此举在很大程度上推动了音乐在全国的普及和发展。

第二次世界大战后，传媒业快速发展。1968年通过并在1991年重新修订的加拿大《广播法案》（Broadcasting Act）认可加拿大广播系统中公共和私营两种体制并存，确立了公共广播和私营广播的平等地位，并要求广播业要维护加拿大文化的独立性和多样性。面对不断涌入的外来音乐等文化内容，尤其是来自美国60年代的各种文化思潮和音乐形式，加拿大采取了"加拿大内容"（Canadian Content）这一政策扶持和保障本土文化作品的制作和播出。作为广播法的执行和监督机构，加拿大广播电视电信委员会明确要求加拿大本国节目须占电视常规播出时间的60%，占黄金时间（晚6时至午夜）的50%，35%的电台音乐节目必须为"本国内容"。强调"加拿大身份"的一系列文化产业政策为加拿大本土音乐的蓬勃发展起到了保驾护航的作用，在加拿大国内流行音乐体系建立初期起到了积极的作用。

虽然加拿大在18世纪已出现音乐制作人及一些沙龙音乐作品，但多为钢琴曲、歌曲、室内乐及小歌剧等。直至20世纪才真正有较重要的作曲家及作品产生。最早获得世界公认的作曲家有希利·威兰（Healey Willan）。他的音乐作品涵盖了歌剧、交响乐、室内乐、协奏曲及宗教音乐等。另外还有克劳德·尚帕涅（Claude Champagne），他创作了交响诗《赫丘利与翁法勒》（Hercules and Omphale）、《高度》（Altitude）、合唱及乐队曲《加拿大组曲》（The Canadian

Suite)，以及众多管弦乐、室内乐、钢琴曲、小提琴曲、弥撒曲等。

20世纪40年代，加拿大不少专业作曲家表现出对民间音乐浓厚的兴趣及创立"加拿大风格"的意向。1951年，一批音乐家组成了加拿大作曲家联盟（Canadian League of Composers），其发起人有被誉为加拿大现代音乐教主的约翰·温茨韦格（John Weinzweig）、著名作曲家约翰·贝克威思（John Beckwith）、哈里·萨默斯（Harry Somers）等。

20世纪以来，加拿大的音乐表演艺术日趋繁荣。1932年多伦多交响乐团开始定期举办音乐会。1959年加拿大国家青年交响乐团在多伦多成立，它是目前加拿大最活跃的乐团之一。此外，在蒙特利尔、温哥华、温尼伯、魁北克均有大型交响乐团。1960年加拿大歌剧团在多伦多成立。同期，闻名世界的加拿大表演艺术家还有钢琴家格伦·古尔德（Glenn Gould）、女高音歌唱家洛伊丝·马歇尔（Lois Marshall Arias）、女低音歌唱家莫莲·弗雷斯特（Maureen Forrester）等。

1958年，加拿大诞生了摇滚巨星保罗·安卡（Paul Anka）。保罗·安卡1941年7月出生于渥太华。17岁时，他参加了美国纽约ABC电视台的试镜，因演唱自己创作的歌曲《戴安娜》（Diana）一举成为当年最红的青少年偶像。这首歌也登上了美国音乐排行榜冠军位置，并成为世界音乐史上最畅销的歌曲之一。

1958年，美国出生的摇滚乐先驱罗尼·霍金斯（Ronnie Hawkins）来到加拿大，成为加拿大摇滚乐及蓝调音乐的重量级人物。他为加拿大摇滚乐培养了众多明星。他的名字不仅被镌刻在加拿大星光大道上，还入选了加拿大音乐名人录及摇滚名人录。他在摇滚乐方面先驱性的贡献得到了广泛认可，多伦多市也将每年的10月4日命名为罗尼·霍金斯日。

在20世纪60代末70年代初，加拿大不少艺术家及乐队开始寻求国际化发展。除了美国，还走向欧洲、日本甚至东南亚。其中最著名的有温尼伯乐队的摇滚传奇尼尔·杨（Neil Young）。他曾两次入选加拿大音乐名人录、加拿大星光大道、加拿大摇滚名人录。尼尔·杨是创作型摇滚歌手、吉他手、钢琴家及导演，其风格横跨民谣、乡村音乐、油渍摇滚（Grunge）①、硬摇滚

---

① 油渍摇滚，另类音乐的一支，粗糙、随性以彰显朋克精神。乐手看起来蓬头垢面，像刚走出修车厂。

（Hard Rock）① 等。尼尔·杨通过音乐探索人性、自由及生命。他是北美音乐圈中唯一可与诺贝尔文学奖获得者鲍勃·迪伦（Bob Dylan）相提并论的音乐诗人。1978 年，他在歌曲《我的我的，嗨嗨》（*My My，Hey Hey*）中唱道："It's better to burn out than to fade away"。半个多世纪以来尼尔·杨用真挚的音乐和诗歌感染了无数人。

加拿大民谣大师莱昂纳德·科恩（Leonard Norman Cohen）1934 年出生在蒙特利尔一个犹太中产家庭。大学就读于麦吉尔大学，主修英文。17 岁时组建了"鹿皮男孩"乐队。1967 年夏天在纽约新港民谣节期间，科恩首次登台亮相，并在哥伦比亚广播公司（Columbia Broadcasting System）节目上演唱自己的歌曲。在那个民谣盛行、唱作人风潮兴起的时代，科恩迅速走红。科恩一直奉行"诗与歌不分家"，早年也曾以诗歌和小说在文坛成名。他的小说《美丽失落者》（*Beautiful Losers*）被誉为加拿大第一部后现代小说，也是科恩最具挑衅性、最为桀骜不驯的一部作品。在当时的歌坛，可以被称为音乐诗人的寥寥可数，科恩就是其中一位。他以敏感而细腻的诗人之心将民谣的情感表达和对生命细微处的沉思发挥到极致。科恩用深思的灵魂和低沉的嗓音吟唱着他眼中的世界，将人们带回到时间深处的记忆中，直面灵魂最细微的颤动。他的音乐真诚、简单、感人肺腑，其歌词、旋律、意境都保有诗般的美丽与隽永。

20 世纪末，加拿大女性获得了宽广的发展舞台。这一时期的女性为平等和自由而奋斗，涌现出不少杰出的女性歌手，其中最引人注目的是法裔加拿大歌手席琳·迪翁（Celine Dion）。1968 年，她出生在魁北克省，年仅 13 岁就发行了个人首张法语专辑《上帝之声》（*La voix du bon Dieu*）。1990 年，又发行了首张英语专辑《同心》（*Unison*）。1992 年，席琳·迪翁凭借电影《美女与野兽》（*Beauty and the Beast*）主题曲获得第 35 届格莱美音乐奖（Grammy Awards）"最佳流行音乐合唱奖"（Best Pop Collaboration With Vocals）。1998 年 2 月，她为电影《泰坦尼克号》（*Titanic*）演唱的主题曲《我心永恒》（*My Heart Will Go On*）获得第 41 届格莱美音乐奖"年度歌曲奖"及"年度制作奖"。席琳·迪翁被世界媒体誉为跨世纪歌后，共获得 5 次格莱美奖、12 次世界音乐奖（World Music Awards）、7 次美国音乐奖（American Music Awards）、7 次美国公告牌音乐奖

---

① 硬摇滚，由布鲁斯发展起来的一种摇滚乐风格，具有比较强烈的吉他失真效果，布鲁斯味较浓。表演通常规模较大，如露天大型演唱会等。

（Billboard Music Awards）、21 次朱诺奖、39 次菲利克斯音乐奖（Félix Award）[①]。2008 年 5 月 22 日，席琳·迪翁在巴黎接受法国荣誉军团勋章（La Légion d'honneur）。作为全球最畅销女歌手，席琳·迪翁在全球的专辑销量已经超过两亿张，是首位拥有两首奥斯卡获奖歌曲的女歌手。

20 世纪是加拿大音乐日趋成熟的重要阶段。随着加拿大经济的发展，其民族意识和民族文化随之成为文艺界重要的关注点，出现了大批与加拿大文化和社会生活紧密联系的艺术作品。加拿大音乐家们以北美的地理环境、风俗习惯和精神意识为基础，建立起特有的音乐思维方式和音乐语言。随着时代的发展，加拿大音乐家们不断探索新的创作主题和表现手法，尝试与北美先锋派音乐相融合，不仅诞生了本土功能性音乐、适用性音乐、自我性音乐等，还出现了电子音乐实验室、计算机作曲、计算机音乐信息处理和音乐分析等，加拿大音乐全面走向世界。

## 第三节　加拿大国歌

1980 年 7 月 1 日，加拿大政府将《啊，加拿大》确定为国歌，并在首都渥太华举行了国歌命名仪式。

这首歌由卡力沙·拉瓦雷（Calixa Lavallée）作曲，阿多尔夫·贝西·卢提尔（Adolph-Basile Routhier）作法语歌词，并在 1880 年首次演唱。最初它只是一首法语教会歌曲，歌词也只有法语版。1908 年，《科勒周刊》（*Collier's Weekly*）举办了一次《啊，加拿大》英文填词比赛。罗伯特·斯坦利·韦尔（Robert Stanley Weir）参加了比赛，他的填词得到广泛的认可。从此，《啊，加拿大》有了法语和英语两个歌词版本。

### O Canada

O Canada! Our home and native land!
True patriot love thou dost in all of us command.
We see thee rising fair, dearland,
The True North, strong and free;
And stand on guard, O Canada,

---

① 菲利克斯音乐奖，加拿大魁北克唱片业协会设立的一年一度的音乐奖项。

## 第九章 加拿大音乐

We stand on guard for thee.

O Canada! O Canada!

O Canada! We stand on guard for thee,

O Canada! We stand on guard for thee.

O Canada! Where pines and maples grow,

Great prairies spread and lordly rivers flow,

How dear to us thy broad domain,

From East to Western sea!

Thou land of hope for all who toil!

Thou True North, strong and free!

O Canada! Beneath thy shining skies

May stalwart sons and gentle maidens rise,

To keep thee steadfast through the years

From East to Western sea,

Our own beloved native land,

Our True North, strong and free!

Ruler Supreme, who hearest humble prayer,

Hold our dominion within Thy loving care.

Help us to find, O God, in Thee

A lasting, rich reward,

As waiting for the Better Day,

We ever stand on guard.

在罗伯特·斯坦利·韦尔创作的歌词中有一句"爱国真心，统领我们全体"（True patriot love thou dost in all of us command），在1913年为纪念参加第一次世界大战的加拿大士兵，"all of us"被改成了"all thy sons"，因为绝大多数参战士兵都是男性。2018年1月31日，加拿大参议院通过了《国歌性别中立法案》（*National Anthem Gender Neutrality Act*），将加拿大国歌中曾被修改成的"all thy sons"再次改回了"all of us"。尽管国歌中修改的只是两个单词，但社会意义却非同一般。

加拿大还颁布了《国歌法》，要求国民听到国歌时应立正以示尊重。国歌响起时，男士应脱帽，女士和儿童则不需要。《国歌法》并未对演奏国歌的场合做特别的规定，在仪式开始前还是结束后演奏国歌完全取决于组织者，且国歌歌词和乐谱无版权限制。

## 第四节 加拿大音乐节

加拿大有很多音乐节，不仅为世界各地音乐人提供了表演和交流的广阔舞台，也极大地促进了加拿大音乐文化的普及和发展。

### 一、蒙特利尔国际爵士音乐节

作为加拿大第二大城市，蒙特利尔不仅是魁北克省的经济中心和主要港口，更是一座充满艺术气息的现代化城市。最能体现蒙特利尔历史风情的老城区，如老市政广场（Montreal City Square）、庞特·利埃博物馆（Pointe-a-Callière, Montréal Archaeology and History Complex）等都同时作为重要的演出场所，向世界展示着蒙特利尔"音乐之都"的巨大魅力。

蒙特利尔国际爵士音乐节（Festival International de Jazz de Montreal）最早由阿兰·席玛得（Alain Simard）发起。他生长于蒙特利尔，是著名的城市节日管理人及演出经理人。第一届蒙特利尔爵士音乐节在1980年成功举办，邀请了美国灵魂音乐家、节奏布鲁斯创始人雷·查尔斯（Ray Charles）、美国电声爵士乐大师奇克·考瑞阿（Chick Corea）及美国酷派爵士乐大师盖瑞·柏顿（Gary Burton）等众多知名音乐人前来表演。之后，蒙特利尔国际爵士音乐节定期在每年的6月至7月举行，持续10天左右，且规模不断发展壮大，每年都有来自世界30多个国家和地区的爵士乐艺术家举行近650场音乐会（其中包括450场露天自由演出），吸引着众多来自世界各地的游客及观众。

这些表演通常在10个露天舞台和10个室内音乐厅进行。蒙特利尔露天音乐会全免费，室内音乐会则需凭票入场。前者是不同风格的艺术家向公众展示自己和作品的秀场，他们非常享受与大批观众共同营造热烈喧闹的气氛。后者则是知名音乐家或艺术新星的舞台，以高水准的演出向世界展现艺术的魅力。

作为蒙特利尔的一张文化名片，爵士音乐节每年都会增加一些新的周边活动来吸引更多的观众，如儿童音乐乐园、爵士乐小学堂、爵士艺术展、爵士电台

## 第九章　加拿大音乐

等。音乐节期间，市中心的部分街道甚至会封路十天，为从中午一直持续到午夜的露天表演提供必要的场地支持，整座城市洋溢着或激越或舒缓的乐声，处处可见狂欢舞动的人群。

### 二、渥太华蓝调音乐节

渥太华是加拿大首都，也是加拿大著名的音乐殿堂。每年夏季，这里会举办渥太华室内音乐节、渥太华爵士音乐节及渥太华蓝调音乐节（Ottawa Blues Fest）等国际音乐盛会。其中最负盛名的就是每年7月盛大开幕的渥太华蓝调音乐节。这也是北美地区第二大蓝调音乐节，其规模和影响力仅次于美国芝加哥蓝调音乐节。从1994年创办至今，渥太华蓝调音乐节已从最初为期三天一个舞台演出发展为持续十余天五个舞台演出的大规模户外音乐节。美国《公告牌杂志》（Billboard Magazine）将其誉为世界十大音乐盛会之一。2020年全球爆发新冠疫情之前，几乎每年都有超220场音乐演出在多个室外舞台与观众见面，众多本土艺术家和国际表演者云集于此，有超过30万歌迷从世界各地赶来参与。

渥太华蓝调音乐节呈现过众多世界级蓝调音乐家的杰出表演。曾受邀出席的著名音乐人包括凡·莫里森（Van Morrison）、鲍勃·迪伦（Bob Dylan）、KC & The Sunshine 乐队、Blue Rodeo 乐队、传奇歌手比比金（BB King）、约翰·李·胡克（John Lee Hooker）、布鲁斯兄弟（Blues Brothers）等。渥太华蓝调音乐节呈现多种形式的音乐表演，如蓝调（Blues）、节奏布鲁斯（R&B）[①]、福音音乐（Gospel Music）[②]、摇滚乐、流行音乐、家庭音乐、新兴电子音乐等。

### 三、班夫艺术节

纵贯北美的落基山，有很大一部分坐落在加拿大艾伯塔省和哥伦比亚省。这里有广阔的仍未被过度开发的自然景观。班夫国家公园就坐落在这里，公园的中心就是美丽的班夫小镇。

班夫有很多传统的年度文化活动，包括1889年开始的班夫印第安日、班夫冬季狂欢节等。每年入夏，会有众多印第安人在这里搭起帐篷和舞台，穿上民族

---

[①] 节奏布鲁斯，一种将爵士乐、福音音乐和电子布鲁斯音乐融为一体的音乐风格，由美国《公告牌杂志》在19世纪40年代末最早提出该名称。

[②] 福音音乐，一种宗教音乐，强调乐器伴奏和即兴演唱。起源于20世纪早期的美国，曲风源于基督教圣歌、黑人灵歌等。

服装，向游客展示极具特色的民族文化。每年 5～9 月，班夫都有爵士乐、古典乐、舞蹈、绘画、摄影等专场艺术表演。世界各地的艺术家云集于此，班夫艺术节（Banff Summer Arts Festival）便成为当地一个重要的节日。每年在班夫艺术中心上演的歌剧、交响乐、芭蕾舞以及戏剧等让班夫艺术节享誉北美地区。

### 四、万锦音乐节

万锦市（Markham）位于加拿大安大略省约克区，是一个以高科技著称的新兴城市。2012 年 7 月才由镇（Town）升级为市（City）。万锦市距多伦多市中心仅约 20～30 公里，是大多伦多地区的一部分。该市曾是加拿大人口最多的镇，也是加拿大民族最多元的地方。

万锦市的社会文化生活非常丰富和活跃。在市中心建有设施完善的文化中心、万锦市大剧院及多家私立艺术学校与琴行。作为新兴城市，一年一度的万锦音乐节（Markham Music Festival）也具有与传统音乐节极为不同的特色。

每年 4 月举办的万锦音乐节钢琴比赛从 1995 年创办至今已有 20 多年的历史。每年都会有众多来自万锦市和大多伦多其他地区的青少年报名参加比赛，角逐 150 多个奖项和奖学金。比赛全程两个星期，参赛者绝大多数是"业余"音乐学习者。各个组别的奖项非常多，在某些方面有出色表现的学生都有机会获奖。从这一点来看，比赛的目的不是选拔音乐尖子，或推出音乐神童，而是最大限度地促进青少年音乐学习及音乐艺术的传播。

万锦音乐节为各族裔中涌现出来的音乐才能突出的年轻人提供交流的舞台，体现了万锦这一年轻的新移民城市蓬勃发展和宽厚包容的文化特点，也体现了加拿大多元文化共存、多族裔共同繁荣的文化特色。

# 本章小结

加拿大作为一个移民国家，多元文化的格局奠定了其音乐文化的现实基础。加拿大原住民传统音乐、法英两大建国民族传统音乐及新移民带来的多民族特色音乐，共同成为加拿大音乐的重要组成部分及繁荣发展的根基。从 18 世纪前的早期音乐，历经 18、19 两个世纪的发展，加拿大音乐在 20 世纪日趋繁荣，不仅出现了众多具有深刻影响力的音乐人，还诞生了大批与加拿大社会文化生活紧密相连的音乐艺术作品，独具加拿大风格的音乐表达也逐步形成并走向世界。随着

第九章　加拿大音乐

加拿大政府多项保护性措施的出台及众多大型音乐文化活动的举办，加拿大音乐见证并记录了国家的发展，也成为加拿大重要的文化名片。

**思考题**

1. 加拿大音乐的主要特点是什么？
2. 加拿大音乐发展史有哪些主要阶段？各阶段主要特点是什么？
3. 加拿大国歌歌词的两度修改体现了加拿大怎样的文化特点？
4. 加拿大音乐节反映出加拿大音乐文化怎样的特点？
5. 加拿大政府制定"加拿大内容"这一政策对加拿大音乐文化发展有怎样的意义？

**本章推荐阅读**

1. Fowke Edith & Alan Mills. *Singing Our History: Canada's Story in Song*. Toronto：Doubleday, 1984.

2. Jackson, Rick. *Encyclopedia of Rock, Pop & Folk Music in Canada*. Toronto：Hidden Brook Press, 2016.

3. Helmut Kallman, Gilles Potvin & Kenneth Winters. *Encyclopedia of Music in Canada*. Toronto：University of Toronto Press, 1992.

4. McPherson, David. 101 *Fascinating Canadian Music Facts*. Toronto：Dundurn Press, 2023.

5. Walter, Arnold. *Aspects of Music in Canada*. Toronto：University of Toronto Press, 1969.

# 参考文献

阿尔弗雷德，2019．大英殖民帝国［M］．周亚莉，译．北京：华文出版社．

艾伦，2019．美国史［M］．陈志杰，杨天旻，王辉，等译．北京：北京大学出版社．

陈德，2013．新编英语国家概况　美国、加拿大篇［M］．2版．西安：西安交通大学出版社．

陈刚．2007．多元文化与民族认同［J］．华中科技大学学报（社会科学版），21（3）：5．

陈书笋，2013．加拿大选举制度研究［M］．北京：中国政法大学出版社．

岱峻，2013．风过华西坝：战时教会五大学纪［M］．南京：江苏文艺出版社．

戴茸．2001．加拿大文化［M］．北京：文化艺术出版社．

戴晓东．2005．当代民族认同危机之反思——以加拿大为例［J］．世界经济与政治（5）：8．

刁玉萍，2019．加拿大的学前教育与早期国民素质的培养——以加拿大安大略省学前教育为例［J］．早期教育：教育教学（5）：28-29．

杜威，1990．民主主义与教育［M］．王承绪，译．北京：人民教育出版社．

符华兴，王建武，2010．世界主要国家高等教育发展研究［M］．长沙：湖南人民出版社．

高丙中，2009．中国民俗概论［M］．北京：北京大学出版社．

谷勇，1993．加拿大的当代音乐及其发展［J］．沈阳音乐学院学报（3）：29-32．

顾洁，2020．全球人工智能产业发展报告［M］．北京：社会科学文献出版社．

洪邮生，2002．试论加拿大与美国的经济依存关系［J］．南京大学学报（哲学、人文科学、社会科学版）（6）：58-67．

胡军，刘万岑，2015．加拿大基础教育［M］．上海：同济大学出版社．

胡心月，2014．加拿大魁北克教会学校音乐教育发展简史［J］．音乐时空（10）：139-140．

黄红霞，王建梁，2004．多元文化教育：加拿大的经验及启示［J］．民族教育研究，15（5）：4．

加拿大老照片项目小组，2012．成都　我的家：太洋彼岸的中国情怀［M］．成都：四川文艺出版社．

姜芃，2001．加拿大文明［M］．北京：中国社会科学出版社．

蓝仁哲，1999．加拿大百科全书［M］．成都：四川辞书出版社．

# 参考文献

蓝仁哲，廖七一，冯光荣，等，1998. 加拿大百科全书［M］. 成都：四川辞书出版社.

李节传，2018. 加拿大通史［M］. 修订本. 上海：上海社科文献出版社.

李鹏，2011. 加拿大传媒业观察——本土文化与新媒体战略［J］. 海外传媒（11）：63－64.

廖晓英，2017. 小学还能这样上［M］. 宁波：宁波出版社.

刘军，2010. 列国志·加拿大［M］. 北京：社会科学文献出版社.

刘尧，李慧敏，2017. 英语国家概况——爱尔兰、新西兰、加拿大和澳大利亚［M］. 重庆：重庆大学出版社.

刘意青，2019. 全球化背景下的加拿大研究［M］. 北京：北京大学出版社.

卢真，2021. 加拿大政府预算制度［M］. 北京：中国财政经济出版社.

路易斯，1981. 古代社会上册［M］. 杨东莼，马雍，马巨，译. 北京：商务印书馆.

罗伯特，2012. 加拿大史［M］. 裴乃循，符延军，邢彦娜，等译. 北京：中国大百科全书出版社.

玛格丽特，2019. 剑桥加拿大史［M］. 王士宇，林星宇，译. 北京：新星出版社.

毛晓骅，2006. 试论美国印第安音乐的特性［J］. 音乐天地（11）：32－34.

米师悦，2020. 中国与加拿大双边贸易的潜力研究［D］. 北京：北京邮电大学.

钱皓，2020. 国际政治中的中等国家：加拿大［M］. 上海：上海人民出版社.

强海燕，郭葆玲，2012. 北美大学人文课程研究［M］. 广州：暨南大学出版社.

阮西湖，1986. 加拿大民族志［M］. 北京：中国社会科学出版社.

谭楷，2018. 枫落华西坝［M］. 成都：天地出版社.

谭楷，2022. 我用一生爱中国［M］. 成都：天地出版社.

唐小松，2020. 加拿大蓝皮书（加拿大发展报告 2020）［M］. 北京：社会科学文献出版社.

王晁，2003. 文化马赛克：加拿大移民史［M］. 北京：民族出版社.

王立剑，2017. 加拿大社会保障制度［M］. 北京：中国劳动社会保障出版社.

王立军，2012. 走进加拿大［M］. 北京：社会科学文献出版社.

王彤福，晓晨，1996. 加拿大风情录［M］. 上海：世界知识出版社.

王小平，2010. 加拿大概况［M］. 兰州：甘肃人民出版社.

王助，2014. 魁北克省与法国 50 年直接特殊关系［C］//仲伟合. 加拿大内政与外交研究. 广州：世界图书出版广东有限公司.

沃尔特，罗纳德，拉尔夫，2004. 加拿大政府与政治［M］. 刘经美，张正国，译. 北京：北京大学出版社.

徐康荣，黄钟，1994. 加拿大音乐人［J］. 武汉音乐学院学报（1）：84－86.

许立帆，2019. "江苏制造"向"江苏智造"发展——加拿大制造业智能化经验启示［J］. 江苏商论：106－108.

于洪，2011. 加拿大社会保障制度［M］. 上海：上海人民出版社.

张利明，2019. 加拿大林业发展现状及启示［J］. 林业经济，41（1）：114-116.

张鹏，2019. 不可不知的加拿大史［M］. 武汉：华中科技大学出版社.

张亚丽，2020. 加拿大多元文化音乐教育溯源及发展［J］. 教育史研究（2）：157-163.

张友伦，1994. 加拿大通史简编［M］. 天津：南开大学出版社.

中共中央文献研究室，2017. 习近平关于社会主义文化建设论述摘编［M］. 北京：中央文献出版社.

钟敬文，2009. 民俗学概论［M］. 上海：上海文艺出版社.

周伯柱，赵晏强，2019. 加拿大人工智能发展现状［J］. 科技促进发展：762-770.

周泓，2003. 论加拿大魁北克民族问题［J］. 新疆师范大学学报：哲学社会科学版，24（4）：7.

周少青，2017. 民族政治学：加拿大的族裔问题及其治理研究［M］. 北京：中国社会科学出版社.

朱梅，2006. 加拿大高等院校入学指导［M］. 北京：中国社会科学出版社.

朱文富，何振海，2019. 外国短期高等教育史［M］. 北京：人民出版社.

AITKEN H G J, 1990. Canadian Economic History［M］. Toronto：University of Toronto Press.

ANKLI R E, 1971. The Reciprocity Treaty of 1854［J］. The Canadian Journal of Economics/Revue Canadienne d'Economique, 4（1）：1-20.

BDULRAHMAN Y, 2022. Big Data and Artificial Intelligence［J］. Intelligent Connectivity：AI, IoT, and 5G.

BROWN C, 2012. The Illustrated History of Canada［M］. 25$^{th}$ ed. Montreal & Kingston：McGill-Queen's University Press.

CONRAD M, 2012. A Concise History of Canada［M］. Cambridge：The Cambridge University Press.

COX B A, 2002. Native People, Native Lands：Canadian Indians, Inuit and Metis［M］. Montreal & Kingston：McGill-Queen's University Press.

DAY A, 2015. Lacrosse and Its Greatest Players［M］. New York：Britannica Educational Publishing and Rosen Publishing.

DAY R, 2000. Multiculturalism and the History of Canadian Diversity［M］. Toronto：University of Toronto Press.

DOUGLAS J, 1987. Horizon Canada［M］. Quebec：Center for the Study of Teaching Canada.

Dunleavy J, 2007. Public Education in Canada：Facts, Trends and Attitudes［M］. The Canadian Education Association.

ECCLES W J, 2016. Canada under Louis XIV 1663-1701［M］. Toronto：McClelland & Stewart.

EDITH F, MILLS A. 1984. Singing Our History：Canada's Story in Song［M］. Toronto：Doubleday.

# 参考文献

KALLMAN H, POTVIN G, WINTERS K, 1992. Encyclopedia of music in Canada [M]. Toronto: University of Toronto Press.

HARRIS R S, 1976. A History of Higher Education in Canada, 1663-1960 [M]. Toronto: University of Toronto Press.

HUNERMAN L, 1970. We, the People [M]. New York: Monthly Review Press.

HUNT G T, 1978. The Wars of the Iroquois: A Study in Intertribal Trade Relations [M]. London: The University of Wisconsin Press.

JACKSON R. 2016. Encyclopedia of Rock, Pop & Folk Music in Canada. [M]. Toronto: Hidden Brook Press.

JENNESS D, 1963. The Indians of Canada [M]. 6$^{th}$ ed. Ottawa: Roger Duhamel, F. R. S. C.

JOSHI K M, PAIVANDI S, 2014. Higher Education across Nations [M]. Delhi: B. R. Publishing.

LANGLOIS G, 2020. Canadian Energy Efficiency Outlook: A National Effort for Tackling Climate Change [M]. Florida: River Publishers.

LENMAN B P, 2014. Britain's Colonial Wars 1688-1783 [M]. New York: Routledge.

LIVINGSTONE D W, HART D, DAVIE L E, 1996. Public Attitudes towards Education in Ontario 1996 [M]. Toronto: University of Toronto Press.

MARTIN G, 1995. Britain and the Origins of Canadian Confederation, 1837-67 [M]. Vancouver: University of British Columbia Press.

MCMILLAN A D, YELLOWHORN E, 2004. First Peoples in Canada [M]. 3$^{rd}$ ed. Vancouver: Douglas & McIntyre.

MILLER J R, 2000. Skyscrapers Hide the Heavens: A History of Indian-white Relations in Canada [M]. 3$^{rd}$ ed. Toronto: University of Toronto Press.

MUZZEY D S, 1911. An American History [M]. Massachusetts: Ginn and Company.

NEWMAN L, 2017. Speaking in Cod Tongues: A Canadian Culinary Journey [M]. Regina: University of Regina Press.

Orange Shirt Society, 2020. Orange Shirt Day [M]. Victoria: Medicine Wheel Education.

WALTER A. 1969. Aspects of music in Canada [M]. Toronto: University of Toronto Press.